Inh

Küsse von dir ...?

Da standen sie, Mona und Bastian, knutschten bis zum Umfallen, knuddelten sich in den siebten Himmel und ich zertrat voller Frust eine Pfandbüchse und musste mir von meinem Freund Meik einen Vortrag über sein neuestes Bioprojekt anhören. Mit dem wollte er bei *Schüler experimentieren* mitmachen. Eine an sich ja sehr lobenswerte Sache – allerdings nicht, wenn ein Typ darüber seine Freundin offensichtlich total vergaß.

Ich will auch knuddeln und knutschen, verlangte eine sehnsüchtige Stimme in meinem Inneren.

»Guck mal, Mona und Bastian«, versuchte ich Meik dezent auf meine Bedürfnisse umzupolen.

»Die fressen sich noch mal gegenseitig auf!«

»Hast du keinen Hunger?«

»Gute Idee, Kiki!« Meik grinste mich an. »Lass uns mal zum Kiosk gehen und einen Döner futtern.«

Schreiend davonlaufen wäre es jetzt gewesen. Aber ehe ich zur Tat schreiten konnte, tauchte meine Freundin Franzi auf. Natürlich mit ihrem Raffi im Schlepptau. Turtel, turtel, turtel! War dieser Planet denn von Verliebten überschwemmt? Klar, der Frühling nahte, so 'ne Art blaues Band flatterte seit Tagen am Himmel rum und auch in den kahlen Alleen spürte man ein ziemlich verdächtiges Weh'n. So einen milden Hauch, der die Sinne spitz machte, alle Düfte intensivierte und offenbar Hormone zum Tanzen brachte.

Meine auch! JA!!! Ich nahm mich da echt nicht aus. Wenn ich so die Karnickel auf den Wiesen rammeln sah, da war mir schon klar, dass die Liebe zurzeit Hochsaison hatte.

Und ich fühlte auch, wie ich mit sehr viel mehr Lust in die Pedale meines Fahrrads trat, um schnell zur Schule zu kommen, wo ich Meik treffen konnte. Und da ja nun das Knutschverbot auf dem Schulgelände wieder aufgehoben war, stand einem traumhaft verliebten Schulhof-Flirt doch nichts mehr im Wege.

Ich hatte mich besonders hübsch gemacht, Haare und so, aber irgendwie schien Meik überhaupt noch nicht auf Frühling und Wonnemond programmiert zu sein. Und das war echt seltsam. Denn als an meiner Schule eben jenes berüchtigte Knutschverbot geherrscht hatte, da hatte er jede günstige oder weniger günstige Gelegenheit ausgenutzt, um dagegen zu verstoßen. So, als ob verbotene Früchte wirklich süßer schmeckten! Jetzt aber schien er das Küssen völlig verlernt zu haben. Vergrub sich wie ein angestaubter Gelehrter in dem Hochsicherheitstrakt des Bioraums und studierte das Fortpflanzungsverhalten von Regenwürmern. Das musste frau sich mal reinziehen: REGENWÜRMER!!! Wenn alle Männer im Frühling so drauf wären wie er, könnte frau sich an zehn Fingern abzählen, wann die Menschheit ausgestorben sein würde.

Ich schnappte mir Franzi und zerrte sie von ihrem Raffi weg, der ihr einen betrübten Blick nachwarf, während Meik ihn sofort in sein Forschungsthema einarbeitete.

»Was ist los?«, wollte Franzi wissen und schickte einen begehrlichen Blick zu Raffi hinüber, der ihr eine Kusshand hinterherschmiss.

Liebes Lieschen!

»Okay«, sagte ich. »Es ist Frühling. Fällt dir an Meik etwas auf?«

Franzi schüttelte den Kopf. »Nee, sollte es?«

»Würdest du ihn zur Spezies ›geschlechtsreifes Männchen‹ zählen?«

Franzi errötete leicht und starrte mich verwirrt an. »Na ja, also mit seinen sechzehn Jahren jedenfalls schon mehr reif als Raffi ...«

»So, so! Und warum zeigt er dann kein arttypisches Verhalten?«

Noch größere Verwirrung. »Arttypisch? Was soll das sein?«

»Balzen! Warum balzt er nicht? Jeder Spatz in der Pfütze, die Enten auf dem Teich, die Hunde im Park, die Karnickel auf dem Friedhof ... Raffi und Bastian! Jedes männliche Wesen auf diesem Erdkreis balzt! Nur eines nicht: Meik!«

Franzi schaute verstohlen zu den beiden Jungs rüber. Es war offensichtlich, dass Meik Raffi nun voll zutextete und der sich vergeblich nach einer Fluchtmöglichkeit umsah.

»Stimmt«, musste Franzi zugeben. »Er scheint nicht so richtig in Knuddelstimmung zu sein.«

Ich seufzte. »Keine Zeit für Zärtlichkeit! Was soll ich im Frühjahr mit einem solchen Typen? Meine Hormonsuppe brodelt bis zum Überkochen und der steht cool wie 'ne Tiefkühltruhe daneben! Meinst du, mit ihm stimmt was nicht?«

»Hm.« Franzi grübelte und legte dabei ihre Stirn in zahlreiche niedliche Dackelfalten. »Sagt er denn, dass er dich liebt?« Sie wirkte ein wenig alarmiert.

Und ich erst. »Klar sagt er das ... jedenfalls ab und zu mal ... also, wenn ich ihn direkt danach frage ...«

Oh Mist, wann hatte er es mir denn tatsächlich das letzte Mal gesagt?

Das – das war ja schon endlos lange her ... Beim Weihnachtsbasar? Oder war es beim Schlittschuhlaufen auf dem Baggersee gewesen? Auf jeden Fall hatte er nicht die ersten Schneeglöckchen abgerupft und sie mir mit einem Liebesseufzer unter die Nase gehalten. Und beim Fasching, da hatte er so eine dämliche Scream-Maske auf, da konnte ich ihn weder küssen noch verstehen, was er dahinter brabbelte.

Kurz, die Lage war im wahrsten Sinne des Wortes nicht rosig. Nee, sie war grau, griesgramgrämlich grau! Schnief.

Franzi sah mich mit ihrem Zwei-bei-Kallwas-Blick an. So, als wollte sie sagen, ach, du armes Hascherl, was kann ich deiner Seele denn nur Gutes tun ...

»Nichts«, blockte ich sogleich ab. »Sag jetzt nichts, red einfach nicht mit mir ... Spar dir deine psychologischen Ratschläge!«

Aber etwas musste sie dann doch loswerden.

»Bist du sicher, dass er auf Dauer der Richtige ist?

Also, ich finde, das Schönste an der Liebe ist doch der Austausch von Zärtlichkeit. Das hat selbst Raffi inzwischen kapiert und …«, fügte sie wenig taktvoll hinzu, »… wir genießen es.«

Halleluja!

»Na dann, schweb mal wieder rüber zu ihm«, sagte ich großmütig, »aber pass auf, dass du nicht von deiner Wolke fällst!«

Sie drückte mir ein flüchtiges Küsschen auf die Wange und sauste davon, so, als ob sie nur auf meine Genehmigung gewartet hätte, sich entfernen zu dürfen.

Ich warf einen letzten neidischen Blick auf Mona und Basti, drehte mich um und schlenderte frustriert zum Kunstraum.

Dort traf ich Greetje und Lea, meine beiden anderen Freundinnen aus unserem Mädchen-Club der Pepper Dollies, den Lea, Franzi, Greetje und ich in der fünften Klasse gegründet hatten.

Greetje hatte ein großes Aquarell angefangen und ihr Blatt quoll nur so über von Frühlingsblumen: Veilchen, Löwenzahn, Maiglöckchen, Tulpen und Narzissen … Zauberhaft.

Man merkte, dass sie die Tochter unseres holländischen Kunstlehrers van Gogh war. Jedenfalls schien sie sein künstlerisches Talent geerbt zu haben.

Ich stellte mich zu ihr und schaute ihr ein wenig beim Pinseln zu.

»Wirklich cremig«, sagte ich anerkennend.

»Gefallt es dir?«

Ich nickte. »Ja, wirklich toll. Ich wollte, ich könnte nur halb so gut malen wie du.«

Ich holte meinen Block, Aquarellfarben, Pinsel und ein Wasserglas und setzte mich zu Lea. Beim Anblick ihres Bildes kam wenigstens nicht ganz so viel Frust auf, weil sie genau wie ich nicht mit einem Künstlervater gesegnet war.

Meiner war Ökonom und zurzeit Bundestagsabgeordneter und in erster Linie ständig gestresst. Keine guten Voraussetzungen, um Kunst zu konsumieren, geschweige denn zu produzieren. Das einzig kunstvolle war seine megaaufwendige Unterschrift auf den Autogrammkarten im Wahlkampf. Die hatte er nämlich tausendmal geübt und anhand eines graphologischen Buches auf marktgängig gestylt. »Das muss sein«, hatte er damals erklärt, »wer weiß, ob nicht die Gegenpartei sonst wieder versucht, da negative Charaktereigenschaften herauszulesen. Kriminelle Neigungen oder Triebhaftigkeit oder so …«

Triebhaftigkeit. Ich versenkte meinen Blick in Leas Bild. Das traf genau das Thema, denn es zeigte allerlei frühlingsbewegtes Viehzeug einschließlich der rammelnden Rammler!

Ich kicherte. Wenn das die Klassenpansen sahen, dann würden die doch sofort zotige Sprüche ablassen.

Klar, da kamen sie auch schon in den Zeichensaal gestürmt: Macho Fabian und seine Gorilla-Gang und mit ihnen die andere Seite des Frühlings! Himmel, was bei Meik zu wenig vorhanden war, das hatten die offenbar löffelweise mit ihren Cornflakes gefrühstückt: Liebeshormone!

Hm, vielleicht sollte ich mal in die Bibliothek gehen und nach einem anregenden Kräutlein aus dem Klostergärtchen blättern. Etwas, das Meiks Sinne für zärtliche Schwingungen empfänglicher machte.

Ich klatschte in einer spontanen Anwandlung jede Menge rote und orange Farbe direkt aus der Tube aufs Blatt, patschte einen ordentlichen Klecks Weiß dazu und verpinselte es an einigen Stellen zu Rosa. Dann nahm ich einen dicken Borstenpinsel und zog ein paar Herzkonturen in den Brei.

Jawoll, dachte ich dabei wütend, das ist auch Frühling oder sollte es zumindestens sein. Liebe, Triebe, Sonnenschein!

»Sehr schön, Kiki«, sagte plötzlich die Stimme meines Kunstlehrers hinter mir. »Eine wirklich kraftvolle Aussage zum Thema.«

Kraftvoll! Na schön doch. Aber was nützte mir die Kraft, wenn Meik die schlaffe Socke markierte? Zur Liebe gehörten nun mal zwei!

Ich stand auf, um zur Bibliothek zu gehen. Dem Knaben würde ich mal Dampf machen. Vielleicht war es nur die Frühjahrsmüdigkeit und dagegen würde doch wohl ein Kräutlein gewachsen sein.

Auf dem Flur begegnete ich Franzi, und als ich ihr erzählte, was ich vorhatte, beschloss sie, die Kunst-AG zu klemmen und mich zu begleiten. Superfreundin. Da machte die Sache gleich viel mehr Spaß. Und es war auch kein Problem, da van Gogh die Anwesenheit eher locker handhabte.

In der Ausleihe saß Herr Birkenstock, unser Reli- und Geschi-Lehrer, und lächelte uns freundlich an. Er betreute mit Leidenschaft die Schulbibliothek und jeder

Schüler, der sein Reich betrat, konnte sicher sein, sein Wohlwollen zu haben. Denn nichts bildete seiner Ansicht nach mehr als Lesen.

So gab er uns auch bereitwillig Auskunft, als ich ihn fragte, wo wir denn wohl Bücher über Heilkräuter finden könnten. Er brauchte natürlich nicht nachzugucken, sondern nannte uns gleich das Regal und die Signatur, wo wir etwas Passendes finden konnten.

Franzi entdeckte dann auch ein besonders schön bebildertes Buch mit dem Titel *Handbuch der Klosterheilkunde.*

»Neues Wissen über die Wirkung der Heilpflanzen: Vorbeugen, behandeln und heilen …«, las sie vor.

»Hammer! Dann lass mal suchen. Am besten gleich unter *Heilen.*« Denn dass es sich bei Meiks Enthaltsamkeit um einen krankhaften Zustand handelte, lag auf der Hand. Sooooo hässlich war ich ja nun auch nicht, dass einem Jungen bei mir die Frühlingsgefühle vergehen mussten. Oder? Müsste ich vielleicht doch mal an mir arbeiten?

»Nein, nicht nötig«, meinte Franzi. »Ich wollte, ich hätte so schöne blonde Haare wie du und so eine pickelfreie Haut …«

Oh nein, jetzt nicht das. Franzi und Pickel, das war ein abendfüllendes Thema.

»Äh, lass erst mal was für die Liebe suchen. Dann gucken wir noch nach einem Antipickelkraut«, schlug ich vor.

Das fand Franzi eine fabelhafte Idee, und weil es zum Stichwort Liebe oder Erotik nichts gab, blätterten wir uns zum Kapitel der Kräuter für die *Sexualorgane* durch.

Holla, die Forstfee! Da konnte frau ja nur erröten. Wogegen da nicht alles ein Kraut gewachsen war: Menstruationsbeschwerden, Wechseljahre, Entzündungen der weiblichen Brust, Impotenz …

»Äh, meinst du, Meik ist impotent?«

Franzi stierte mich an. »Wie kommste denn da drauf?«

Ich schüttelte den Kopf und winkte ab. »War nur ein Scherz …«

Völlig fasziniert war mein Blick an einem Satz hängen geblieben, der besagte, dass sich Liebe und Sex zunächst einmal im Kopf abspielen, also ein Mangel daran häufig eher ein *psychisches* als ein *organisches* Problem darstellt.

»Siehst du«, sagte ich triumphierend zu Franzi. »Er hat einfach zu viel anderes im Kopf. Sein blödes Bioprojekt zum Beispiel. Hier steht, man soll Zeit zur Entspannung einplanen.«

Franzi grinste. »Okay, dann such mal ein Kraut zum Relaxen.«

»Schon gefunden!«

Ich schrieb mir drei Kräuter auf, aus denen man einen entspannenden und die Liebe fördernden Tee für den Mann zubereiten konnte. Anschließend klappte ich das Buch zu.

»Gleich nach der Schule gehe ich in die Apotheke und kaufe das Zeug, und wenn Meik das nächste Mal zu mir kommt, koche ich ihm einen Tee, der es in sich hat. Wollen doch mal sehen, ob dann nicht nach der ersten Tasse seine Hormone Salsa tanzen!«

Als wir die Bibliothek kichernd verließen, wunderte

sich Birkenstock sicher sehr darüber, wieso ein relativ trockenes Heilkundebuch bei uns einen derartigen Heiterkeitsausbruch hervorrufen konnte.

Ich hoffe, du weißt, was du da tust, meldete sich mein innerer Coach, als ich auf der Heimfahrt mit dem Fahrrad bereits in Gedanken den Liebestee anmischte.

»Klar weiß ich das«, muffelte ich ihn an, denn in alles musste er sich nun wirklich nicht einmischen. War eh schon ziemlich nervig, eine derart vorlaute innere Stimme zu haben. Aber seit Mam mich mal zu einem Kurs über Selfcoaching mitgezerrt hatte, hatte ich den Typ an der Backe.

In dem Kurs ging es darum, zu trainieren, wie man sein Leben und seine persönlichen Entscheidungen besser in den Griff kriegen konnte, was für mich ja schon irgendwie Sinn machte. Dazu mussten sich alle Kursteilnehmer im Lotussitz auf Reisstrohmatten hocken und in sich hineinhorchen, um in ihrem Inneren die Stimme der Vernunft zu erlauschen. Tja, und da hörte ich ihn dann das erste Mal. Ich bekam einen richtigen Schreck, als er ziemlich frech Hallo sagte. War ich Pinocchio, dass ich einen Jimmy Grille brauchte?

Ich hatte gehofft, dass mir die meditative Stimmung des Kurses nur etwas vorgegaukelt hatte, aber mein Hoffen war vergebens. Ich wurde den Typ nicht wieder los. Wie ein freigelassenes Flaschenteufelchen klebte er an mir und mischte sich in alles, wirklich in alles mit seinen Kommentaren ein! Tu dies nicht, tu das nicht! Genau wie jetzt wieder. Stimme der Vernunft! Püh!

Vernünftig oder nicht, dachte ich aufmüpfig, ich koche den Tee doch!

Mam war ausnahmsweise schon zu Hause, als ich aus der Schule kam. Das konnte nur eins bedeuten: Papa ante portas!

»Hey, kommt Papa aus Berlin?«

Mam nickte und rührte konzentriert weiter im Kochtopf. Roch gut. Dass Mam immer was Gutes kochte, wenn mein Vater kam, war eine der angenehmen Seiten des Familientreffens. Die Tatsache, dass dann meistens auch »Familienkonferenzen« angesetzt wurden, war allerdings weniger erfreulich. Da wollte Papa nämlich immer über alles informiert werden, was in seiner Abwesenheit passiert war, vor allem wie es mit mir und meinem Bruder, diesem Scherzkeks, in der Schule stand. Zwar hatte ich diesmal nichts Besonderes zu berichten, aber mangelnde Noten-Highlights bedeuteten leider auch mangelnde Taschengeldaufbesserung.

»Was kochst du?«, fragte ich. »Riecht lecker.«

»Frühlingssuppe.«

Ach nee! Das konnte ja heiter werden, wenn hier auch der Frühling ausbrach.

Er brach aus.

Schon als Papa die Tür aufschloss, stürzten ihm nicht nur Hund und Kinder, sondern auch Weib entgegen. Und nach den ersten Busserln von uns fraß Mam ihn fast auf. Liebes Lieschen, war die auf Entzug! Liebesentzug. Tja, so 'ne Wochenend-Ehe, bei der auch noch jedes zweite Wochenende ausfiel, war schon hart. Besonders in dieser Jahreszeit. *Es tönen die Lieder, der Frühling kehrt wieder …*

Ich wandelte leise summend in mein Zimmer hinüber und grinste, weil auch im Musikunterricht bereits Frühlingspop angesagt war. Unsere Musiklehrerin, die Zwitscherschwalbe, konnte es gar nicht abwarten, ihre aus dem Süden heranbrausende Verwandtschaft mit angemessenen Gesängen zu begrüßen. *Lasset uns singen, tanzen und springen …*

Mal sehen, ob Meik zu erreichen war. Allzu lange wollte ich mit dem heilenden, die Liebe anregenden Teestündchen nämlich nicht mehr warten. War ja wohl verständlich bei dem Geturtel um mich herum. Will auch, dachte ich schmachtend.

Ein Date musste her. Am besten nach dem Abendessen.

Genau, schön Tee trinken und dann ein romantischer Spaziergang mit Hund und Freund am Baggersee. Händchen halten, Knuddeln, Knutschen. Traumhafter Sonnenuntergang, Liebesgeflüster, Romantik pur!

Hach, wie meine Seele danach lechzte!

Ich schwebte zum Telefon, weil mir diese Gedanken allein schon mächtig Auftrieb gaben.

»Meik? Hast du Lust auf ein Date heute Abend? Bisschen spazieren gehen und so …«

»Und so?« Meik lachte am anderen Ende der Verbindung. »Was soll das sein?«

Blödkopf, dachte ich, beschloss aber, nicht darauf einzugehen. »Also, was ist, kannst du?«

»Wenn dir so viel dran liegt.«

Mir viel dran liegt? Lag *ihm* denn nichts dran? Ich

merkte, wie ich schon wieder einen dicken Hals kriegte. Dann fiel mir ein, dass man Kranke ja nicht für ihr Handeln verantwortlich machen kann. Aber dank meiner ultimativen Liebeskräutlein konnte dem Jungen ja geholfen werden!

Wir verabredeten uns nach dem Abendessen bei mir, und als die vereinbarte Stunde kam, brühte ich den duftenden Tee auf, schleppte die Kanne in mein Zimmer und stellte sie auf dem Stövchen warm.

Es spielet der Hirte auf seiner Schalmei …

Das würde Meik zwar sicher nicht tun, an Schalmeien mangelte es heutzutage nun mal, aber er würde sicherlich andere Wege finden und wenn es nur meine Gefühlsskala war, auf der er spielte. Vom tiefen C der Sehnsucht bis zum hohen C von Happiness!

Es klingelte.

»Ich geh schon!«, brüllte ich durchs Haus und raste zum Eingang.

Wie erwartet stand Meik vor der Tür.

Nein, ich werd ja nicht mehr! Streckte der mir doch einen Strauß Maiglöckchen entgegen! Wie süß! Wie ganz und gar lieb!

»Komm rein«, sagte ich total weichgespült und war direkt ein bisschen verlegen.

Klar musste Papa wieder in diese lyrisch-dichterische Stimmung reinplatzen, weil seine Neugier es einfach nicht ertragen konnte, die Klingel zu hören und nicht zu wissen, wer geläutet hatte.

»Ah, Meik!«, sagte er hocherfreut. »Schön, dass ich dich sehe. Die Jugendgruppe könnte eigentlich mal wieder eine Veranstaltung im Wahlkreis organisieren. Ich würde gerne die neue Gesundheitsreform mit den Bürgern diskutieren …«

Später, dachte ich, bitte später. Gesundheitsreform! Die interessierte doch jetzt wirklich nicht!

Tat sie aber wohl doch, denn Meik sprang natürlich sofort darauf an. Mein von ihm megabewunderter Vater hatte das Wort an ihn gerichtet, wie wunderbar, da musste er ja sofort zu Diensten sein! Dass ich mit seinen Maiglöckchen in der Ecke rumstand, schien ihn überhaupt nicht zu interessieren.

Jetzt aber keine Szene, mahnte mein innerer Coach.

»Ähm«, hüstel, »Meik war ja eigentlich mit mir verabredet«, machte ich meinen Vater dezent auf seinen Regelverstoß aufmerksam. Der checkte ausnahmsweise mal sofort den anklagenden Tonfall und sah mich fragend an. Sein Blick fiel auf die Maiglöckchen, bevor ich sie hinter meinem Rücken verbergen konnte.

»Oh, ihr habt was Romantisches vor«, sagte er grinsend, »da muss mein Wahlkreis natürlich zurückstehen.« Und im Fortgehen sagte er zu Meik: »Du kannst mich ja morgen früh im Parteibüro anrufen, dann machen wir gleich einen Termin fest.« Fort war er und ich atmete erst mal tief durch.

Einladend öffnete ich die Tür zu meinem Zimmer.

»Setz dich schon mal und nimm dir einen Tee«, sagte ich aufgeregt. »Ich stelle mal eben die Blumen in die Vase.«

Ich grapschte mir eine kleine Kugelvase, die sonst lediglich als Staubfänger diente, und sauste in die Küche, um Wasser zu holen. Dann platzierte ich das Teil mitsamt den betörend duftenden Frühlingsboten auf das

Tischchen neben das Teestövchen. Ich hockte mich in meinen Kuschelsessel und starrte Meik, der auf der Kante meines Popsofas saß, erwartungsvoll an. *Turteltee ist Zärtlichkeit zum Trinken.* Liebes Lieschen, kribbelkrabbelte es in meinen Eingeweiden! *Hab Flugzeuge in meinem Bauch …* Na ja, fühlte sich eher wie Maikäfer an.

»Ist was?«, fragte Meik leicht irritiert.

»Äh, nee, was soll sein? Schmeckt der Tee?«

Meik schien nicht so sonderlich davon angetan. Er nahm die Tasse hoch und schnupperte daran.

»Riecht etwas seltsam. Was ist das für eine Sorte?«

»Eine, ähm, speziellere Mischung …«

Turteltee, dachte ich, aber mein innerer Coach bremste mich voll aus: *Untersteh dich, ihm das zu verraten! Der hält dich für verrückt.* Und so hauchte ich: »Äh, hm … Frühlingstee!« Wenn's Frühlingssuppe gab, dann konnte es doch auch einen Tee für die Jahreszeit geben.

»Ah«, sagte Meik und trank einen Schluck. »Hab mir gleich gedacht, dass es was Chinesisches ist.«

Ich grinste innerlich. Hatte ich etwa *Flühlings*-Tee gesagt? Aber Chinesisch war gut, das war unverdächtig, klang angesagt und er stand ja, wie ich wusste, auf Asiatisch.

Tja, was die Einbildung so alles bewirkt! Nachdem er nun den Tee für eine chinesische Spezialmischung hielt, schien er ihm richtig zu schmecken und er trank gleich zwei Tassen hintereinander. Ob das reichte, um ihn in zärtliche Stimmung zu versetzen?

Meik stand auf.

»Na komm, dann lass uns mal spazieren gehen«, sagte er. »Nehmen wir Schnuffel mit?«

Ich nickte und suchte nach der Leine. Die war natürlich mal wieder nicht da. Schnuffel hatte sich bereits erwartungsvoll vor der Eingangstür aufgebaut und wedelte mit dem Schwanz.

»Wo ist die Leine, Schnuffel?«, fragte ich. »Geh, such die Leine, such, such.«

Weiterhin erfreutes Schwanzwedeln.

»Such die Leine, blöde Töle! L.e.i.n.e!!! SUHUCH!«

»Warum schnauzt du den Hund so an?«, fragte Meik verwundert. »Da hängt die Leine doch am Treppengeländer. Du bist so nervös in letzter Zeit.«

Hach, nervös, ich ... ja, das konnte durchaus sein! Und wer war schuld daran, dass ich nervös war? Ich riss die Leine an mich, klinkte den Karabinerhaken in die Öse an Schnuffels Halsband und machte die Haustür auf.

»Los jetzt, hopp!«, forderte ich unsere Hündin völlig überflüssigerweise auf, denn sie stürmte bereits los und die Leine spannte sich straff.

»Soll ich sie nehmen?«, bot Meik an.

Von mir aus. Ich konnte mir was Schöneres vorstellen, als von ihr durch die Botanik gezerrt zu werden. War eh ihre heiße Zeit und die Rüden der Nachbarschaft hefteten sich bei jeder sich bietenden Gelegenheit an ihre Spur. Es war echt megalästig, die Viecher zu verscheuchen, bevor sie ihr zu nahe kamen und eine Promenadenmischung produzierten.

Ich warnte Meik also vorsichtshalber und dann hatten wir auch schon den Baggersee erreicht. Da keine anderen Hunde in Sicht waren, ließen wir Schnuffel frei laufen und hockten uns auf ein paar Findlinge, die dekorativ am Ufer herumlagen. Waren wohl von der letzten Eiszeit übrig geblieben und irgendwann mal beim Kiesbaggern in der Grube gefunden worden. Sie waren richtig warm, weil die Sonne sie heute den ganzen Tag beschienen hatte. Die stand jetzt schon ziemlich tief am Horizont und würde wohl bald untergehen.

Ich zog meine Beine an und umschloss sie mit den Armen.

Meik setzte sich in gleicher Haltung neben mich. Eigentlich hätte er ja mal den Arm um mich legen können. So allmählich müsste der Turteltee doch seine Wirkung entfalten.

Na ja, ich konnte ja mal ein bisschen nachhelfen. Ich beschloss, ein romantisches Thema anzuschneiden, um ihn in die angemessene Richtung zu polen.

»Danke für die schönen Maiglöckchen«, sagte ich. »Ich hab mal gelesen, dass die jungen Herren im Biedermeier ihren Bräuten Maiglöckchenparfüm geschenkt haben.«

Ach herrje, das war ja voll der Abtörner. Ich konnte ihm doch nicht mit Bräuten und so kommen. Da rannte doch jeder Junge gleich schreiend in die Berge! Bloß schnell wieder gradebiegen, ehe er falsche Schlüsse zog.

»Äh, ich wollte sagen, das … äh … das war bei Verliebten total in … also Maiglöckchen … wegen … ich denke mal, wegen diesem Duft … diesem … ja … betäubenden Duft … ja … also … weil … der ist so … sinnlich … ist er doch … oder …?«

Mein innerer Coach wälzte sich in einem Lachkrampf auf einer imaginären Maiglöckchenwiese. *Noch spritziger hast du es nicht zufällig drauf,* höhnte er und äffte die Stimme meiner Freundin Greetje nach. *Biste Kiki von de Maiklokjes?*

Blödmann!, dachte ich wütend. Was soll ich denn sonst Romantisches sagen?

Sag nix. Red einfach nicht. Tu was!

Und was?

Küss ihn! It's in his kiss! That's where it is …

Einfach so über ihn herfallen? Er hatte ja nicht mal seinen Arm um mich gelegt!

Aber ehe ich diesen unerquicklichen inneren Dialog noch fortführen konnte, hob Meik den linken Arm und legte ihn um meine Schulter. Dabei rückte er ganz nahe an mich ran. Na bitte, geht doch!, dachte ich erleichtert.

»Wo – wo haste die eigentlich her, die Maiglöckchen?«, fragte ich und mein innerer Coach schlug die Hände über dem Kopf zusammen. *Kannste auch noch über was anderes reden? Maikäfer im Bauch vielleicht?* »Ich hab ja total die Maikäfer im Bauch«, ploppte es auch schon aus mir raus. Liebes Lieschen! War ich denn bekifft?! Was laberte ich heute bloß? So ein Geschwafel musste doch die Wirkung jedes Liebestees neutralisieren und sei er auch mit Kräutern aus dem Paradiesgärtlein angemischt. Vielleicht sollte ich mal wie Eva zum Apfel greifen …

Meik lachte und ließ mich los.

»Maikäfer im Bauch? Sehr originell! Solange es keine Regenwürmer sind!«

Mist, damit war ja mal wieder alles klar. Ich hatte Maikäfer im Bauch und er Regenwürmer im Kopf und ich musste ihm auch noch das Stichwort liefern! Klar, dass er sofort anfing, über sein Bioexperiment zu sprechen.

»Die Maiglöckchen hast du übrigens auch meinen Regenwürmern zu verdanken«, sagte er gerade lächelnd. »Als ich mir im Wald das erste Pärchen gesucht habe, da habe ich eine Stelle entdeckt, wo ganz viele Maiglöckchen wachsen. Zu dem Zeitpunkt haben sie noch nicht geblüht, aber jetzt ist ja wirklich überall der Frühling mit Macht ausgebrochen …«

Außer bei dir, dachte ich frustriert und rückte wieder näher zu ihm.

»Guck mal, die Sonne«, versuchte ich ihn wieder in eine romantische Gefühlslage zu locken. »Ist es nicht schön, wie sie sich im Wasser spiegelt?«

»Ja, sehr romantisch«, sagte er, aber ehe ich noch frohlocken konnte, fügte er hinzu: »Da, guck mal, da! Die Forellen springen. Schade, dass ich keine Angel dabeihabe.«

Und keine Regenwürmer, dachte ich sauer. Es hätte mich nämlich wirklich gefreut, wenn er die an die Fische verfüttert hätte.

Jaulen, lautes Kläffen und klägliches Fiepen unterbrachen meine Gedanken.

»Schnuffel!« Alarmiert sprang ich auf.

Gerade in dem Moment erreichte unsere völlig atemlose Hündin den Findling und sprang mir, gehetzt von zwei Rüden, panisch in die Arme. Die Rüden hinterher!

Ich stieß einen unartikulierten Schrei aus, als mir der erste Hund, ein mittelgroßer Airdale, gegen die Brust sprang und mich rücklings vom Findling schubste. Schnuffel mit beiden Armen umklammernd, fiel ich ins Gras. Und ehe ich mich versah, landete der zweite Rüde, ein Trumm von einem Irischen Wolfshund, auf mir und brach mir und Schnuffel sämtliche Rippen. Na ja, ganz so schlimm war es dann doch nicht. Aber als die Bestie sich wieder aufrappelte und auf allen vieren mit seinem mächtigen Körper über mir stand, glaubte ich ohnehin, mein letztes Stündlein hätte geschlagen. Und da war es nun auch ziemlich egal, ob ich mit oder ohne gebrochene Rippen ins Nirwana einging. Na, nun beiß mir schon die Kehle durch, dachte ich und presste die jaulende Schnuffel fester an mich.

Die Zunge des Irischen Wolfshundes war meterlang und voll von merkwürdig kaltem Sabber, als er mir, statt mich abzumurksen, damit über das Gesicht schleckte.

Igitt! War ja nett, dass er mich leben ließ, aber musste er mich unbedingt dermaßen liebevoll abschlabbern? Das hatte ich mir doch nun wirklich von jemand anderem gewünscht.

Aber als Meik den durchgeknallten Köter von mir wegzog und seinem herbeigeeilten Herrchen übergab, war mir für diesen Abend der Appetit auf Zungenküsse jeglicher Art vergangen!

Regenwurm-Desaster

Am nächsten Morgen lief mir vor der Schule als Erste ausgerechnet Mona über den Weg.

Aber warum auch nicht. Betrachtete ich es einfach mal als einen Wink des Schicksals. Die hatte bestimmt ein paar gute Tipps für mich. In Sachen Jungen anbaggern war sie eine Meisterin. Ein bisschen neidisch wurde ich immer noch bei ihrem Anblick. Sie sah auch einfach zu gut aus, und obwohl ich ja eigentlich auch nicht grade hässlich war, fragte ich mich zum hunderttausendsten Mal, wie sie es schaffte, immer wie frisch aus dem Ei gepellt zu wirken und eine dermaßen gute Laune zu verbreiten, als sei sie soeben einer Fernsehwerbung für Stimmungsaufheller entsprungen. Trink Fun-for-the-day und der Tag ist okay! Oder so ähnlich. Egal! Wenn mir überhaupt einer in meiner verkorksten Liebesangelegenheit helfen konnte, dann sie.

»Was gibst du ihm?«, fiel ich gleich mit der Tür ins Haus.

»Wie, was? Was soll ich wem geben?«

Ratloser Blick aus ihren großen, von langen Wimpern umrahmten Augen.

»Na, was flößt du Basti ein, damit er ständig so wild hinter dir her ist? Ihr schmust doch in jeder Pause rum! Was gibst du ihm? Einen Liebestrank?«

Mona kriegte einen Lachkrampf und ich einen dicken Hals. Da hatte ich mich wohl mal wieder peinlich gemacht. Doch sie begriff sehr schnell, dass ich meine Frage aus einer echten Notlage heraus gestellt hatte.

»Läuft es mit dir und Meik nicht so richtig?«, fragte sie in ihrer direkten Art und der dicke Hals schlug in rote Ohren um.

»Ähm, schon. Doch, alles easy, ähm, kein Grund zur Sorge … also …« Ach, Mist, was brach ich mir hier eigentlich künstlich einen ab? War eh schon alles egal. Ich sah Mona offen an. »Es läuft, ehrlich gesagt, beschissen!«

»Oh!« Meine Aufrichtigkeit schien ihr einen Moment echt die Sprache zu verschlagen. »Tut mir leid …«

»Muss es nicht. Gib mir lieber einen Tipp, was ich dagegen machen kann. Er hat nur seine Regenwürmer im Kopf.«

Mona kicherte.

»Ein schwerer Fall«, diagnostizierte sie dann. »Der Job eines Mannes ist die gefährlichste Konkurrenz, die eine Frau haben kann. Wenn der da voll drin aufgeht, weil er Karrierechancen wittert, spielst du als Frau nur noch die zweite Geige.«

Ich starrte sie verblüfft an. Woher kam ihr diese Weisheit denn nun schon wieder?

»Eigene Erfahrung«, klärte sie mich auf. »Beziehungsweise die meiner Mutter. Mein Vater ist ja auch so ein Karrieretyp. Hinter seinem Job musste alles zurückstehen, bis meine Mutter schließlich die Nase voll hatte.«

Das also war der Grund, warum ihre Eltern geschieden waren. Aber irgendwie war sie dann wohl doch nur vom Regen in die Traufe gekommen, denn so, wie ich ihre Mutter kennengelernt hatte, war die doch auch eine Karrierefrau.

»Das ist was anderes«, stellte Mona aber gleich richtig. »Sie vernachlässigt mich nicht. Frauen kriegen das eben hin, Karriere und Kinder unter einen Hut zu bringen. Männer sind dazu doch viel zu einseitig gepolt.«

Ich starrte sie mit offenem Mund an. Wirklich, das Mädchen versetzte mich immer wieder in Erstaunen. Aber zurück zum Thema Meik.

»Du meinst also, da gibt es keine Hoffnung? Dieses Forschungsprojekt schmeißt mich völlig aus dem Rennen?«

Das durfte doch wohl nicht wahr sein. Wo doch alles so verheißungsvoll mit uns angefangen hatte – na ja, wenn ich mal den Eisbecher, den ich ihm bei unserem ersten Date über die Hose gekippt hatte, außer Acht ließ. Das könnte ein negatives Omen gewesen sein …

Gott sei Dank war Mona optimistischer als ich. Und taktischer auch. »Da gibt's nur eins. Du musst ihm ein wenig entgegenkommen. Interessieren dich Regenwürmer?«

»Igitt! Nein! Nicht die Bohne. Ich finde sie schrecklich!«

Mona lachte und warf mit einer eleganten Kopfbewegung ihre Haare stylish in den Nacken. »Hm, das erschwert die Sache. Du könntest sie nicht doch ein klein bisschen niedlich finden? Ich wollte dir nämlich grade vorschlagen, dass du Meik ein wenig bei seiner Forschungsarbeit unterstützt. Wenn du dich allerdings vor ihnen ekelst …«

»So doll ja nun auch wieder nicht!«, fiel ich ihr ins Wort. »Was müsste ich denn deiner Meinung nach tun?«

Mona grinste irgendwie teuflisch. »Regenwürmer beregnen, füttern, zählen …« Sie kicherte. »Nein, nicht im Ernst. Du müsstest allenfalls etwas Interesse heucheln. Ihm Gesellschaft leisten, dir alles erklären lassen, bei seinen Versuchen in seiner Nähe bleiben. Das gibt ihm das Gefühl, dass du ihn und seine Arbeit schätzt. Männer fahren da total drauf ab. Bist doch 'ne gute Schauspielerin. Das kriegst du ja wohl glaubwürdig hin.«

Ich schüttelte den Kopf. Wenn ich den Mund aufmachte, merkte Meik doch sofort, dass ich nicht den geringsten Schimmer von Regenwürmern hatte.

»Ich kann das nicht!«, lehnte ich Monas Vorschlag daher ab.

»Was kannst du nicht? Interesse heucheln? Kein Mensch verlangt, dass du dich in seine Regenwürmer verliebst. Denk einfach dran, dass du es für euch tust. Für Meik und dich. Ich wette, wenn du so neben ihm stehst, kann er gar nicht mehr an seinen Versuch denken und wird bei jeder sich bietenden Gelegenheit an dir rumgrapschen.«

»Na, hoffentlich wäscht er sich vorher die Finger.«

Mona sah mich einen Augenblick irgendwie seltsam

an. Aber da grade eine Gruppe von Klassenpansen auf uns zukam, beendete sie das Gespräch mit einer letzten ermunternden Aufforderung: »Versuch es halt und berichte mir – wenn's nichts bringt, überlegen wir weiter.« Sie bemerkte mein unschlüssiges Zögern. »He, Kopf hoch, Kiki! Das klappt bestimmt. Nichts schmeichelt Männern mehr, als wenn wir Interesse an ihrer Arbeit zeigen. Auch Meik wird dir dafür zu Füßen liegen.«

In den Armen würde schon reichen, dachte ich und pilgerte zu meiner AG. Interesse an Meiks Forschungsprojekt?

Wie sollte das denn wohl aussehen? Vielleicht so: Kiki über ein erdgefülltes Terrarium gebeugt, begeistert ausrufend: »Nein, Meik, was hast du aber mal für allerliebste Regenwürmer gezüchtet! Darf ich ihnen Namen geben?«

Herr, bewahre mich und ihn davor!

Als ich am Nachmittag nach Hause kam, saß Mam merkwürdigerweise bereits an ihrem häuslichen Arbeitsplatz und surfte im Netz.

»Was machst du denn schon hier?«, begehrte ich zu wissen.

»Ach, ich hab mich abgeseilt. Es ist zu viel Trubel in der Werbeagentur und ich muss für unser neues Projekt noch ein paar Recherchen im Internet machen. Wie war's in der Schule?«

»So lala.«

»Was heißt das?«

»So lala halt, nix Besonderes passiert.«

Mam grinste. »Es ist so schönes Wetter, eigentlich wollte ich ein bisschen in meinem Kräutergarten arbeiten …« Sie sah mich auffordernd an.

Oh nein, bitte nicht!

Bitte doch.

»Könntest du nicht schon mal ein wenig mit dem Unkrautrupfen anfangen? Ach, bitte, das wäre furchtbar nett von dir.«

Nein! Ich wollte nicht furchtbar nett sein. Ich wollte nur in Ruhe irgendwo die Beine hochlegen und relaxen.

»Ach, bitte, Kiki, sei so gut. Sonst wuchert mir alles zu. Das wäre zu schade.«

Sei doch nicht so, zickte mein innerer Coach. *Beim Unkrautjäten kannst du dir prima eine Strategie in Sachen Meik überlegen. Körperliche Betätigung hat noch keinem geschadet.* Danke für den Hinweis.

Ich war weich geklopft wie ein Nackensteak. Okay, okay. Ich zog meine alte Jeans an, nahm mir die Gartenhandschuhe und einen Unkrautstecher und ging raus.

Die Sonne schien noch. Ich öffnete das Tor zum Kräutergarten und betrat den mit Gras und Vogelmiere durchsetzten Kiesweg. Na, da gab es ja einiges zu tun. Ich schloss das Tor, woraufhin Schnuffel, die mir gefolgt war, einen missgelaunten Klagelaut ausstieß. Aber es half nichts. Hier durfte sie nicht rein, hier war hundefreie Zone. Hundepipi auf Küchenkräutern, nee, das ging echt nicht.

»Tut mir leid, Schnuffel«, sagte ich, »aber du kommst hier net rein!«

Ich ließ mich auf die Knie nieder. Himmel, hier war ja auch voll der Frühling ausgebrochen. Das Unkraut hatte sich geradezu explosionsartig vermehrt. Von wegen, nur die Bäume schlagen aus. Hier schien alles und jedes nach allen Seiten auszuschlagen.

Ich begann mit meinem Unkrautstecher in der Erde zu bohren. Die war noch ziemlich feucht von den Schauern der letzten Tage. Uups! Was ringelte sich denn da vor mir im frisch aufgelockerten Mutterboden? Wenn das nicht eins von Meiks Studienobjekten war. Manno! Das war echt der längste Regenwurm aller Zeiten. Sollte ich ihn fangen und an die Guinness-Buch-Kommission schicken? Ach was, ich sehnte mich nicht nach Ruhm und Ehr', sondern ausschließlich nach Liebe. Ich starrte den sich windenden Wurm zornig an. Schließlich waren er und seine Gattung daran schuld, dass sich Meik und ich so entfremdet hatten. Dich mach ich hin, dachte ich wütend. Aber mein innerer Coach stoppte mich.

Denk an Monas Worte, mahnte er. *Vielleicht ist dieser Regenwurm der Schlüssel zu seinem Herzen.*

Wohl eher der Köder für seinen Angelhaken, dachte ich immer noch zornig. Doch im selben Moment ließ ein Feuerwerk der Erleuchtung mein Gehirn Funken sprühen. Genau, das war es doch. Dieser Wurm würde der Köder sein, mit dem ich Meik zurück an den Haken kriegte. Prächtig!

Ich hatte den Gedanken noch nicht zu Ende gedacht, als meine Hände auch schon begehrlich nach dem fetten Regenwurm grapschten. Und da hatte ich ihn auch schon erwischt, bevor er sich schnöde davonmachen konnte. Zwar streckte er sich auf nahezu doppelte Länge, was ihn nicht unbedingt sympathischer machte, aber sosehr er auch versuchte, zwischen meinen Fingern davonzugleiten, er entkam mir nicht! Ähm, aber wohin mit diesem sich windenden Ekelteil? Mit dem Wurm in der Hand pilgerte ich zum Geräteschuppen. Aha, da hatten wir doch schon was. Eine relativ gemütliche Tupperdose, zu der es sogar einen passenden Deckel gab. Prima. Ich schaufelte Erde rein und bettete den inzwischen wesentlich kürzeren und dickeren Wurm um. Interessanter Gestaltwandel.

Ich schlenderte zurück zum Kräutergarten, um mein begonnenes Werk fortzusetzen, und während ich weiter Unkraut rupfte, überlegte ich, wann und wo und wie ich Meik den Regenwurm am besten überreichen konnte. Ob mit oder ohne Schleifchen? Kicher. Dass so ein Geschenk die allerbeste Form war, ihm mein Interesse an seinem Forschungsprojekt zu demonstrieren, lag ja wohl auf der Hand. Während ich noch nachdachte, ringelte sich bereits der nächste Wurm durch das aufgelockerte Erdreich. Und als ich meine segensreiche Tätigkeit beendet hatte, verknäuelten sich sage und schreibe dreizehn Regenwürmer in meiner Tupperdose. Na, wenn das keine Glückszahl war.

»Was hast du da?«, fragte mein Bruder, als ich mein Behelfsterrarium ins Haus trug.

»Regenwürmer für Meik.«

»Au, cool, kann ich mitgehen?«

»Mitgehen? Wohin?«

»Na, zum Angeln. Du gehst doch mit ihm zum Angeln?«

Da musste ich meinen Bruder allerdings enttäuschen. »Quatsch, die sind doch für sein Bioprojekt. Für rein wissenschaftliche Zwecke. Die werden nicht an Fische verfüttert!«

»Was soll denn das für ein Projekt sein?«, fragte der Keks und verdrückte sich kopfschüttelnd und frustriert in sein Zimmer. »Wenn's keinen Nährwert hat!«

Ausnahmsweise hatte ich mal vollstes Verständnis für ihn.

Er kam erst wieder gegen Abend aus seinem Zimmer, als ihn der Hunger heraustrieb.

»Was gibt's zu essen?«

»Spargel.« Mam schleppte eine große Schüssel mit dampfenden Kartoffeln an und Papa trug eine Platte mit glänzenden weißen Spargelstangen hinter ihr her.

Als er sie auf den Tisch stellte, sagte er mit einem genießerischen Seufzer: »Allein dafür hat sich die Heimreise diesmal gelohnt. Ich liebe dieses unanständige Gemüse!«

»Unanständig? Wieso?« Der Keks hatte mal wieder keinen Plan.

Ich kicherte und sagte grinsend: »Das müsstest du Spargeltarzan doch eigentlich am besten wissen.«

Mam trällerte, während sie aus der Küche die aufgeschäumte Butter holte: »*Veronika, der Lenz ist da …*« Als sie zurück zum Tisch tänzelte, schenkte sie unserem Vater ein beziehungsreiches Lächeln, woraufhin er mit seinem Bariton vollendete: »*… die ganze Welt ist wie verhext, Veronika, der Spargel wächst.*«

Und da der Keks die Zweideutigkeit offenbar noch immer nicht gecheckt hatte oder einfach nicht wollte, dass seine Eltern sich weiter so peinlich benahmen, sagte er muffig, während er sich jede Menge Schinken auf den Teller lud: »Heißt Mam jetzt Veronika?«

Ach, du liebes Lieschen!

Am Montagmorgen nahm ich die gut mit Gummiringen verschlossene Regenwurmdose, in meinem Rucksack versteckt, mit zur Schule. Hach, war ich aufgeregt, als ich überlegte, wie ich Meik das Präsent so unauffällig überreichen konnte, dass sich nicht gleich wieder die halbe Schule das Maul darüber zerriss. Besonders vor den Schleimschnecken Gracia, Daphne und Gloria, den fiesen Lieblingsfeindinnen der Pepper Dollies, musste ich mich in Acht nehmen. Wenn die das mitkriegten, dann war ich doch sofort wieder Gesprächsthema Nummer eins bei ihrem Schultratsch: Kiki hat Regenwürmer in ihrer Butterbrotdose … Kiki frühstückt Regenwürmer … damit will sie sich doch wieder nur interessant machen …

Na ja, so ähnlich jedenfalls würde das ablaufen und darum musste ich die Sache topsecret behandeln.

Pst, Meik, lass uns mal auf der Brücke im Lehrgarten treffen und statt Agenten Regenwürmer austauschen …

Mein innerer Coach kicherte. Aber ehe ich ihn noch anraunzen konnte, weil er ja auch mal einen brauchbaren Vorschlag hätte machen können, tauchte Franzi mit den übrigen Pepper Dollies auf.

»Stell sie ihm doch heimlich auf seinen Platz in seiner Klasse«, schlug sie vor, als ich sie und die Pepper Dollies in mein Problem einweihte.

»Nee, das geht nicht«, lehnte ich ab. »Da nehmen ihn seine Kumpel gleich hoch.«

Lea hatte eine andere Idee. »Bring sie in den Bioraum zu seinem Versuch.«

Klar, das machte Sinn. Nur, wie kam ich da rein? Der Raum war doch immer abgeschlossen. Da brauchte ich den Schlüssel.

»Keine Problem«, sagte Greetje lachend und bot an, den Schlüssel von ihrem Vater zu besorgen. Der war seit einiger Zeit zum stellvertretenden Schulleiter aufgestiegen und hatte einen Generalschlüssel, mit dem man alle Türen öffnen konnte. Supa!

So schlich ich denn in der Kunststunde mit van Goghs Schlüssel und meiner Tupperdose zum Bioraum. Er war leer, was für ein Glück. Tür auf und nix wie rein. Ich ging in die Asservatenkammer, wo seit der Gründung unserer Schule Generationen von Biolehrern die merkwürdigsten Anschauungsstücke für den Biounterricht gehortet hatten. Ausgestopfte Uhus, Frettchen und Osterhasen, sorgfältig in Spiritus eingelegte Organe und, wovor ich mich immer am meisten ekelte, weißliche Bandwürmer in Formalin. Konnte nur noch eine Frage der Zeit sein, bis irgendwer – ganz im Trend der Zeit – dem Fundus ein von Gunther von Hagen plastiniertes Leichenteil hinzufügte. Grusel! Ein leicht vergilbtes Skelett lehnte an der Wand und zählte verzweifelt seine Rippen, kein Wunder, denn es fehlte mindestens eine. Nicht weil Gott dieselbe für Eva gebraucht hatte, sondern weil der vorletzte Abi-Jahrgang mit dem Skelett seinen Abi-Scherz aufgepeppt hatte und dabei wenig pfleglich mit dem Kumpel umgegangen war. Die

Rippe war zertrampelt auf dem Schulhof zurückgeblieben, wo die Lehrer ein Tänzchen mit dem Knochenmann hinlegen mussten. Der letzte Abi-Jahrgang war dann auf Go-go-Tänzerinnen umgestiegen, die hoffentlich alle mit heilen Rippen davongekommen waren. Hm, wenn ich allerdings so an Logels Klammergriff dachte …

Kiki, Regenwürmer!, brachte mir mein innerer Coach den Grund meines Aufenthalts in diesem Kuriositätenkabinett in Erinnerung. Ja, genau, Regenwürmer. Wo stand denn nun Meiks Versuch? Ich sah mich suchend um. Ah, da war ja das Terrarium. Es war halb mit frischer Gartenerde gefüllt und ich konnte deutlich einen Wurm erkennen, der sich an der Glasscheibe entlang durch das Erdreich schlängelte.

Ich stellte meine Dose neben das Terrarium und hielt nach einem Zettel Ausschau, um einen kleinen Hinweis zurückzulassen, von wem dieses Geschenk kam, als eine geniale Idee in meinem Gehirn aufblitzte. Ich konnte die Würmer doch eigentlich gleich in das Terrarium setzen. Das hatte den Vorteil, dass sie womöglich nicht doch noch vorzeitig an Luftknappheit verendeten. Bisher hatte ich die Dose ja immer schön regelmäßig belüftet, aber wer weiß, wann Meik mal wieder vorbeikam und wie lange die hier ohne Frischluftzufuhr stehen würden. Nee, das Risiko konnte ich nicht eingehen. Erstens wollte ich den Würmern nichts Böses und zweitens waren tote Würmer ja auch nicht grade ein sehr anmachendes Geschenk. Gedacht – getan. Schwups hatte ich die Viecher auch schon mitsamt unserer besten Gartenerde ins Terrarium gekippt. Hach, freuten sich die Laborwürmer, so viel unverhofften Verwandtenbesuch zu kriegen!

Ein Geräusch an der Tür ließ mich herumfahren.

Nein, was für eine glückliche Fügung! Im Türrahmen stand niemand anders als Meik.

»Kiki, was machst du denn hier?«

Oh, wie cool! Da konnte ich ihm ja gleich mein megagesteigertes Interesse für seine wissenschaftliche Arbeit demonstrieren.

»Überraschung!«, sagte ich kichernd, griff nach seiner Hand und zog ihn zum Terrarium ans Fenster. Ich deutete auf das Wurmgewimmel. »Guck mal, fällt dir was auf?«

Klar fiel ihm was auf. »Wow, die haben sich aber vermehrt!«

»Gefällt es dir?«, fragte ich innerlich frohlockend.

»Klar, ist doch ein enormer Erfolg.«

Na bitte! Der würde Augen machen, wenn ich ihm von meinem Geschenk erzählte. Der würde mich so was von glücklich knuddeln und knutschen vor Dankbarkeit. Waren ja auch wirklich ausgesucht fette Exemplare, die ich ihm da eigenhändig gefangen hatte.

»Also, das freut mich jetzt aber«, sagte ich voller Erwartung. »Wenn du willst, kann ich dir öfter welche aus unserem Garten mitbringen.«

»Wie, aus eurem Garten?« Er schien nicht zu verstehen.

»Na ja, ich habe dir heute dreizehn Regenwürmer aus unserem Garten mitgebracht. Selbst ausgebuddelt, beim Unkrautjäten. Wenn du willst, kannste noch mehr haben …«

Meiks Stimme überschlug sich, was angesichts seines Stimmbruchs zu erstaunlichen Klangkapriolen führte. »Du hast WAS?«

»Re… Regenwürmer aus unserem Garten …«, stotterte ich verstört.

Was ging denn mit dem ab? Schnappte der jetzt vor Freude über? Das war doch nicht nötig. Was tat er denn nun?

Er packte mich an der Schulter und schüttelte mich.

Aua!

»Wo sind sie? Wo hast du sie hingetan? Sag nicht …«

»Ins Terrarium. Ich habe sie eben ins Terrarium gesetzt.« Und als ich den Sturm in seinem Gesicht aufziehen sah, fügte ich kleinlaut hinzu: »Sollte 'ne Überraschung sein.«

Meik ließ mich los und stürzte an sein Terrarium. Mit Panik im Blick starrte er auf das Wurmgewimmel.

»Überraschung?«, schimpfte er. »Die ist dir gelungen! Weißt du, was du getan hast?« Irgendwie wirkte er völlig von der Rolle. »Du hast meinen Versuch ruiniert! Wegen deiner Scheißregenwürmer ist meine ganze wochenlange Arbeit für die Katz!«

Und statt mich wie erhofft liebevoll zu knuddeln, packte er mich mit schmerzhaftem Griff am Arm. »Los, hol sie raus! Such deine Regenwürmer da wieder raus! Du wirst ja hoffentlich noch wissen, wie sie aussahen!«

Mir schossen die Tränen in die Augen. Wie sollte ich in dem Gewimmel erkennen, welche Viecher aus unserem Garten stammten und welche nicht?

Meik ließ mich nun zwar los, lief aber rein turbomäßig weiter auf hundertachtzig. Er stieß die übelsten Flüche aus und auf mein armes Haupt prasselten die Kraftausdrücke nur so nieder. Liebes Lieschen, so einen Wortschatz hatte ich ihm gar nicht zugetraut. Er war doch sonst immer so peacig und politisch korrekt. Die Sache mit seinen Würmern schien ihm wirklich nahezugehen. War wohl echt keine so gute Idee gewesen, meine Gartenwürmer mit seinen edlen Laborexemplaren zu mischen. Über Zuchtreinheit hatte ich mir überhaupt keine Gedanken gemacht. In allerbester Absicht hatte ich ihm wohl tatsächlich seinen Versuch ruiniert.

»Weißt du, wie viel Wochen Arbeit da drinstecken? Wenn ich deine bescheuerten Würmer nicht finde, muss ich den ganzen Versuch noch mal anfangen!«, schnauzte er mich an. Dann wandte er sich wieder dem Terrarium zu. »Ich muss sie finden …«, murmelte er vor sich hin und begann die Erde auf ein großes Sieb zu schütten und die darauf liegen gebliebenen Regenwürmer zu sortieren. Sisyphus lässt grüßen.

Herr, flehte ich zum Himmel, mach, dass alle meine Regenwürmer bunt geringelt werden, damit Meik sie ganz schnell von seinen unterscheiden kann!

Aber für so kleine Wunder hatte im Himmel wohl niemand Zeit.

»Soll … soll ich dir helfen?«, fragte ich darum zaghaft.

»Nimm bloß deine Finger weg!«, schrie Meik und schubste mich zur Seite. »Am besten lässt du dich bei mir nicht mehr blicken, bis ich meine Versuche für den Wettbewerb beendet habe. Wenn ich noch mal von vorne anfangen muss, hab ich eh keine freie Minute mehr und du richtest doch überall nur Chaos an!«

»Na schön!«, brüllte ich zurück. »Wenn das so ist und dir diese Mistviecher wichtiger sind als ich, dann gehe ich eben! Aber überleg's dir gut, es könnte nämlich für immer sein!«

Ich knallte die Tür des Bioraums hinter mir zu und flüchtete aufs Mädchenklo. Wenn ich erwartet hatte, dass Meik reumütig hinter mir herstürzen würde, um mir sein Herz zu Füßen zu legen und zu beteuern, dass nichts in seinem Leben wichtiger sei als ich, dann hatte ich mich leider getäuscht. Mist, im Film klappte das doch meistens. Da hatte ich mich jetzt aber in was reingeritten! Meik, das war mir beim Blick auf mein verheultes Gesicht im Spiegel klar, konnte ich fürs Erste abschreiben. Merde!

»Und?«, fragte Franzi nach Schulschluss auf der Heimfahrt im Bus. »Wie läuft es denn inzwischen mit dir und Meik? Alles wieder im grünen Bereich?«

Grüner Bereich war gut. Rein biologisch-dynamisch betrachtet, meine ich.

»Wenn du zum grünen Bereich auch Regenwürmer zählst, kann ich nur sagen – katastrophal!«

In dürren Worten berichtete ich ihr von meinem peinlichen Auftritt im Bioraum.

»Ich glaub's ja nicht!«, entfuhr es ihr spontan, doch dann sagte sie mit unterschwelligem Mitleid in der Stimme: »Mädchen, du hast aber auch wirklich ein Talent, im richtigen Moment das Falsche zu tun. Wie kann man bloß ständig die simpelsten Dinge so versemmeln? Hoffentlich kriegt der arme Meik die Viecher wieder auseinandersortiert.«

Der arme Meik?! Na danke. Und was war mit mir? Das war ja genau die Portion Mitgefühl, die ich von einer besten Freundin brauchte.

Und mit ihren nächsten Worten setzte sie auch noch zur Krönung ein Sahnehäubchen drauf: »Vielleicht war der Eisbecher, den du ihm bei eurem ersten Date auf die Hose gekippt hast, doch ein schlechtes Omen …«

Nein! Das nicht auch noch!

Halt an dich, Kiki!, mahnte mein innerer Coach. *Sie ist deine beste Freundin.*

Ach ja! Und woran merke ich das? Dass sie mehr Mitleid mit meinem Freund hat als mit mir und mich noch mehr niedermacht? Ich holte tief Luft.

Brav, sagte mein Coach, *einmal ein – einmal aus und dann erst antworten. Oder besser, gar nicht mehr reden.*

Nein, niemals! Das konnte so schließlich nicht in der Frühlingsluft stehen bleiben.

»Ich weiß gar nicht, was du willst«, sagte ich schnippisch. »Es gibt jede Menge Jungs, die durchaus auf chaotische Mädchen stehen. Weißt du, die haben so was Prickelndes wie Champagner! Tausendmal besser als so fade Limotypen, die es an jeder Ecke gibt.«

Franzi starrte mich erschüttert an. »Fader Limotyp! Meinst du mich damit?«

Ich entzog mich einer direkten Antwort durch Flucht aus dem Bus. Zwar eine Haltestelle zu früh, aber lieber laufen, als Franzis Wutausbruch über mich ergehen zu lassen. Der von Meik hatte mir schon gereicht, mehr davon musste ich heute wirklich nicht haben.

Als die Tür zuschwang, hörte ich noch deutlich, wie sie zeterte: »Das nimmst du zurück! Oder es gibt Krieg!«

Hu, da fürchtete ich mich aber. Wenn Franzi in den Krieg zog, hieß das doch allenfalls, dass sie mit Wattebäuschen warf.

Ich kicherte, als ich mir das bildlich vorstellte, aber mein Coach war mal wieder übertrieben grantig und machte auf moralisch.

So geht frau nicht mit einer Freundin um, moserte er. *Du wirst dich umgehend entschuldigen!*

Um ihn ruhig zu stellen und weil er ja nicht ganz unrecht hatte, nickte ich schuldbewusst.

Okay, okay, war ja nicht so gemeint. Aber Franzi hätte ja nicht auch noch Salz in die Wunde streuen müssen. Ich wusste doch schließlich selbst, dass an mir das Chaos klebte wie an der Pechmarie das Pech. Das zeigte schon der Umstand, dass ich eine Zangengeburt gewesen war. Wer sonst aus meinem Bekanntenkreis war schon 'ne Zangengeburt? Ganz recht: niemand!

Aber ich. Vom Eintritt ins Leben bis jetzt – nichts als Katastrophen! Ich war echt vom Schicksal geschlagen!

Unfug! Mein Coach ließ mein Selbstmitleid absolut nicht gelten. *Es beweist nur, dass du von Anfang an deinen Dickkopf durchsetzen wolltest. Der Grund für deine Zangengeburt war eine klassische Stirnlage. Statt wie üblich mit dem Hinterkopf ans Licht der Welt zu kommen, musstest du dem Leben gleich frech die Stirn bieten!*

Tja, da hatte sich wohl von meinem ersten Auftritt auf der Lebensbühne bis heute wirklich nicht allzu viel geändert. Ich blieb stehen, kramte mein Handy raus und tippte schnell eine SMS an Franzi.

Tut mir leid, Süße, ist ein Geburtsfehler meinerseits. Ich arbeite dran.

Ich auch! Freundschaft ist, was frau draus macht, las ich wenig später ihre Antwort. Mir wurde richtig warm ums Herz und für einen Moment vergaß ich Meik und das Regenwurmdesaster und dachte: Sie ist doch die Beste!

Später kriegte ich dann aber noch voll den Moralischen. So doll hatte ich mich mit Meik ja noch nie gezofft. Ich zog mich in mein Zimmer zurück und musste heulen. Ich konnte gar nicht mehr aufhören und stellte mir dauernd die Frage, ob Meik und ich nun eigentlich getrennt waren, und wenn ja, ob er mich oder ich ihn verlassen hatte?

Ich holte Schnuffel ins Bett und flennte ihr das Fell nass.

Schließlich wurde es meinem Coach zu viel.

Jetzt mach aber mal einen Punkt!, beendete er mein Selbstmitleid. *Wer sagt denn, dass Meik überhaupt der Richtige ist? Andere Mütter haben auch schöne Söhne.*

Aber wo hatten sie die versteckt?

Schließlich schleppte ich mich ins Badezimmer und versuchte mich an Renovierungsarbeiten. Aber nur mit viel Make-up und Maskara waren die Spuren dieser Heulorgie in meinem Gesicht zu verkleistern. Blöd, denn Mam war schon wieder zu Hause und musste das nicht unbedingt mitkriegen.

Die hockte jedoch genau wie am Tag zuvor völlig in

sich gekehrt am PC und nahm mich gar nicht richtig wahr.

»Was zum Teufel machst du denn da ständig?«, wollte ich nun aber doch wissen und setzte mich mit einem Tee zu ihr. Kein Turteltee, sondern beruhigender Vanilletee. Life must go on!

Mam griff dankbar zum dampfenden Becher, den ich ihr mitgebracht hatte. Ihre Wangen waren leicht gerötet und ich fand, dass ihr das unheimlich gut stand. Wenn Papa noch hier gewesen wäre, er hätte sie sicher gleich vernascht. Aber der hatte ja wieder eine Debatte im Bundestag.

»Nun sag schon!« Ich konnte meine Neugier nicht mehr im Zaum halten. »Wieso bist du nicht in der Werbeagentur und hängst ständig hier am Computer rum?«

Mam grinste, dann sagte sie geheimnisvoll: »Ach, ich hab da eine kleine Sonderaufgabe übernommen. Wenn wir Glück haben, kriegen wir einen netten Medienauftrag. Ich mache dafür grade das Exposé.«

»Und darf ich wissen, worum es geht? Den ultimativen Weichspüler oder billig ist billiger als billig?«

»Ganz daneben«, lachte Mam. »Es wird eine Promotionkampagne für einen Popstar.«

»Nee?!«

»Doch!«

Ach herrje, das konnte ja nur jemand mit verblichenem Ruhm sein, wenn der sich von einer Provinzagentur promoten lassen musste.

»Und wer ist der Typ, der es nötig hat?« Das Grauen musste doch einen Namen haben. »Irgend so ein Popstardarsteller aus einem Superstar-Casting?«

Mama muffelte. »Was Besseres traust du mir also nicht zu, oder …?«

Ehrlich gesagt – nein. Aber ich wollte ja nicht unhöflich sein. »Na gut, lass die Katze aus dem Sack.«

»Den Kater.«

»Meinetwegen auch den Kater. Wer ist es denn nun, der das Glück hat, von dir promotet zu werden?«

»Dave Divine!«, jubelte es aus ihr heraus.

»NEIN!«

»Doch!«

»Der göttliche Dave?!«

Ich fasste es nicht. Fast alle Mädchen unserer Schule lagen dem Typ zu Füßen. Seit Wochen war er mit seiner ersten Single in den deutschen Charts und fast jede von uns war in ihn verknallt. Der Typ hatte aber auch eine Ausstrahlung und aussehen tat der – einfach göttlich eben! »Aber, aber …«, stotterte ich, weil es mir fast sämtliche Vokabeln aus dem Hirn geweht hatte, »… der … der steht doch auf Platz eins der Charts. Wozu braucht der eine Promotionkampagne?«

»Weil seine Plattenfirma möchte, dass er dort bleibt, vielleicht!« Mam strahlte, weil ihr die Überraschung nun wirklich mal gelungen war. »Wir sollen sein erstes Album in den Markt schieben.«

Ich tanzte inzwischen im Zimmer herum. »Geilo, das ist ja der Hammer!«

Ein verwegener Gedanke blitzte in meinem Gehirn auf und ließ alle Sicherungen durchknallen. »Du musst mich unbedingt mit ihm zusammenbringen …«

»Stopp, langsam, langsam. Noch haben wir den Auftrag ja nicht.«

Nicht? Oh, da hatte ich mich doch hoffentlich nicht zu früh gefreut?

»Aber ihr kriegt ihn doch? Ihr müsst ihn unbedingt kriegen … Du … du schaffst das doch, nicht wahr?«

Ich war auch bereit, alles, wirklich alles dafür zu tun. »Komm«, sagte ich zu meiner Mutter und bugsierte sie auf ihrem Drehstuhl wieder zu ihrem PC-Monitor, »arbeite jetzt schön weiter. Mach eine Megahypersupiknaller-Kampagne. Einen Vorschlag, der voll reinhaut. Wenn ich dir irgendwie helfen kann …?«

Mam schüttelte den Kopf über mich und sagte lächelnd: »Dann melde ich mich, okay? Hm, bring vielleicht schon mal den Müll raus.«

Müll!? Was für ein profanes Ansinnen. Leicht frustriert verließ ich ihr Arbeitszimmer. Müll rausbringen, tzzz! Etwas kreativer hatte ich mir meinen Anteil an der Vorbereitung der Promotionkampagne für einen Popstar schon vorgestellt. Ich seufzte, als ich mit den Mülltüten zur Tonne pilgerte.

Ein einziger Name vernebelte mir das Gehirn: Dave Divine! Meine Herren, wenn das lief! Mit meiner Mutter mittendrin! Dann war auch ich im Geschäft, völlig klar!

Mona, den Pepper Dollies und besonders den Schleimschnecken würden die Unterkiefer runterklappen wie mittelalterliche Zugbrücken. Ich kicherte über die wundersamen Blasen, die mein Gehirn aufwarf. Welch köstliche Vorstellung! Der göttliche Dave und Kiki Siebert!

Ich hielt meine neugierige Nase in den Wind und der vertrieb endgültig den Muff des Bioraums mit seinen ausgestopften Tieren, Bandwürmern in Formalin und verschrumpelten Organen in Spiritus. Holla, mit dem Frühlingsduft aus unserem Garten wehte mir plötzlich der Duft der großen weiten Welt entgegen.

Es läuft der Frühlingswind durch kahle Alleen,
seltsame Dinge sind in seinem Weh'n …

Stars, Ruhm, Action und auf jeden Fall 'ne Menge Aufregung. Mochte Meik doch mit seinen Regenwürmern selig werden und mit wissenschaftlichen Projekten seinen Kopf trainieren. Bei mir im Bauch herrschte Maikäferalarm! Darum zog ich es vor, etwas anderes zu trainieren: mein Herz! Und so, wie die Dinge im Moment lagen, konnte ich nicht dafür bürgen, dass ich es nicht in beide Hände nahm und es jemandem zu Füßen legte, der es wirklich wert war: Dave, dem Göttlichen!

Fanclub-Wahnsinn

In null Komma nichts verwandelte ich mein Zimmer in einen Dave-Divine-Schrein. Also in so einen Anbetungstempel, wie er in Indien und anderen Ländern Asiens für beliebte Götter üblich ist. Alle Poster von Dave, derer ich habhaft werden konnte, pappte ich an jede noch freie Stelle meiner Zimmerwände, und sogar vom Kleiderschrank lächelte mich ein Starschnitt an. Fast lebensgroß.

Himmel, wie sah der süß aus. Irgendwie das genaue Gegenteil von Meik. Durchtrainierter Body, dunkelbraune, melancholisch blickende Augen, eine störrisch in die Stirn fallende, lange Haarsträhne. Gut, die hatte Meik auch, aber er war blond und Dave hatte dunkle, fast schwarze Haare. Und dann dieses Lächeln. Zauberhaft. Und voll die guten Klamotten. Echt stylish. Immer wirkte er sanft und überaus romantisch. Ich hatte ihn ja gleich cool gefunden, als ich ihn das erste Mal in seinem Videoclip auf MTViva gesehen hatte. Da hatte er am Meer mit seinem Hund gespielt und mit ihm im Sand getobt. Dann hatte er ihn so liebevoll gestreichelt, dass ich eine richtige Gänsehaut gekriegt hatte, bei so viel Zärtlichkeit. Mein Gott, und nun sollte ich ihn persönlich kennenlernen. Dieses Wunder von einem Typen!

Es gab nur eine einzige CD von Dave, aber die lief von nun an permanent auf meinem CD-Player. Und völlig versunken summte ich seinen Nummer-eins-Hit mit:

You're the only queen, so high and beautiful, the only queen of my heart ... Oh, yeah!

Ich hatte schon mein Handy in der Hand, um Franzi die unglaubliche Info rüberzuschieben, als ich abrupt innehielt. Sosehr ich darauf brannte, ihr und den Pepper Dollies von der Sache zu erzählen – war es wirklich klug?

Natürlich nicht, meldete sich gleich mein innerer Coach wieder ungefragt zu Wort. *Natürlich ist es niemals klug, über ungelegte Eier zu reden.*

Stimmt, dachte ich. Wenn Mam den Auftrag nun doch nicht an Land ziehen konnte, dann war ich bis auf die Knochen blamiert.

»Aber ich muss mit jemandem sprechen, ich muss es loswerden, sonst platze ich!«, stöhnte ich auf.

Falls du einmal in deinem Leben auf mich hören willst, sagte er griesgrämig, *dann hältst du so lange deine Klappe, bis die Sache wirklich spruchreif ist. Und wenn du irgendetwas Sinnvolles machen willst, wie wäre es, wenn du deiner Mutter mal ein paar kreative Ideen liefern würdest? Mir scheint, sie hängt momentan ziemlich durch!*

Damit hatte mein Coach wohl leider ziemlich recht.

Mam hockte in den nächsten Tagen bis spät in die

Nacht am PC und morgens, wenn sie uns weckte und Frühstück machte, hatte sie megaschwarze Schatten unter den Augen.

»Du kiffst doch nicht heimlich?«, fragte der Keks eines Tages, als es besonders schlimm war.

Sein Spruch trieb Mam zwar kurzzeitig ein Lächeln aufs Gesicht, aber wenig später wirkte sie wieder völlig übermüdet und frustriert.

So ganz richtig hatte ich das bisher gar nicht wahrgenommen, denn ich ging – oder besser schwebte – träumend durch meine Tage. Und von wem ich träumte, war ja wohl klar: von Dave, dem Göttlichen. Die Aussicht, ihn persönlich kennenzulernen, hatte tatsächlich mein Problem mit Meik total in den Hintergrund gedrängt. Und so kriegten nicht mal die Pepper Dollies mit, dass ich ja eigentlich in der härtesten Beziehungskrise meines Lebens steckte. Nur Franzi fragte ab und an, wie sich die Sache mit Meik denn entwickelte. Aber die konnte ich mit dem Argument beruhigen, dass Meik seinen Versuch neu aufbauen musste und leider für Beziehungsdinge im Moment gar keine Zeit hätte. Was ja auch der Wahrheit entsprach. »Wir werden die Sache danach mal klären«, hatte ich gesagt, »wenn ich psychologischen Beistand brauche, wende ich mich an dich.«

Damit war sie beruhigt und wandte sich wieder ihren eigenen schönen Gefühlen und Raffi zu, während ich weiter von Dave Divine träumte.

Erst am Tag zuvor hatte ich ihn wieder auf einem Musiksender gesehen. Da hatte er ein Tierheim besucht und die Patenschaft für einen blinden Schäferhund übernommen, der nicht mehr vermittelbar war. Was musste der Junge für ein weiches Herz haben! War es da erstaunlich, dass er Meik und seine glitschigen Regenwürmer ganz schnell aus meinen Gedanken verdrängte? Und dann gab es ja auch noch die Musik, die uns verband. Mit seinem Nummer-eins-Hit ging ich schlafen und mit ihm als einprogrammiertem Weckruf auf meinem Handy stand ich auf. In Bio summte er mir genauso durch den Kopf wie in Mathe und in Reli schmeichelte sich Daves warme, weiche Stimme ganz besonders in mein Herz und ergänzte Birkenstocks Aussage »Gott ist die Liebe« mit seiner Feststellung »*Love is the greatest entertainment*«.

Klar, dass ich da etwas ins Schleudern geriet, als Birkenstock fragte: »Was also ist Gott, Kristina?«

»Ein großer Entertainer!«

Gelächter in der Klasse und wenig Verständnis bei Birkenstock.

Mathelehrer Logel ließ ohne Rücksicht auf meine angespannte Gefühlslage einen Mathetest schreiben und Miss-Stress Ingrimm fragte wie immer unerbittlich englische Vokabeln ab.

Ich machte echt nicht die beste Figur, aber am schlimmsten traf es mich immer bei Birkenstock. Weiß auch nicht, wieso. Irgendwie machte der Typ mich durch seine bloße Existenz schon nervös und außerdem wurde ich das Gefühl nicht los, dass er mich, seitdem ich Gott zum Entertainer gemacht hatte, voll auf dem Kieker hatte. Vermutlich hielt er mich jetzt für total respektlos, dabei war es mir nur einfach so unkontrolliert herausgerutscht.

Am peinlichsten war die Sache mit Napoleon.

»Bitte, Kristina«, forderte Birkenstock mich in Geschichte auf, »komm mal an die Karte und zeige uns, welchen Weg Napoleon von Elba bis Waterloo zurücklegte.«

Ich fiel von einer rosa Marshmallow-Wolke, auf der ich gerade mit Dave über die Kontinente trieb, aufs europäische Festland zurück und landete geradewegs am Mittelmeer. Passte! Ich schritt durch die Reihen meiner Mitschüler und zeigte selbstbewusst auf eine kleine Insel vor der italienischen Küste.

»Das hier ist Elba. Da war Napoleon im Exil.«

»Sehr schön«, sagte Birkenstock – und dann verließen sie mich. Himmel, Geografie war noch nie mein Ding gewesen. Mittlerweile wusste ich auch, warum. Frauen waren einfach nicht dafür geboren, Karten zu lesen. Stand sogar in dem *Spiegel*, den mein Vater bei seinem letzten Besuch auf dem Klo liegen gelassen hatte. Dafür seien sie sprachgewandt und fit in Beziehungsdingen. So wie ich. Wir nahmen die Welt eben etwas anders wahr, nicht so verbiestert analytisch, nein, ganzheitlich in ihrer gesamten Buntheit.

Ich starrte auf Birkenstocks besockte Füße, die in den immer gleichen Gesundheitslatschen steckten. Was mochten Napoleons Soldaten wohl an den Füßen getragen haben? Sandalen wahrscheinlich nicht, waren ja nicht die römischen Legionen. Aber interessant wäre das schon mal gewesen. Hätte Birkenstock mich nicht mal so was fragen können? Schuhe galten doch als ausgesprochenes Frauenthema. Oder es war zum Beispiel viel interessanter, was Josefine bei der Krönung anhatte. Da hätte ich sofort eine Antwort drauf geben können. Hm, ich konnte ja mal versuchen, ihn ein bisschen in diese Richtung umzupolen.

»Und hier ist Paris!«, sagte ich und deutete mit mutigem Schwung ins Zentrum der Karte. »Da hat er sich mit Josefine zum Kaiser gekrönt.«

»Schön.« Birkenstocks Beifall hielt sich diesmal in Grenzen. »Das war aber nicht die Frage.«

»Nicht?«, wollte ich Zeit schinden.

»Nein, nicht.«

»Ähm, wie … wie war die Frage noch gleich? Könnten Sie …«

»Kristina!«

Die Haare von Birkenstocks buschigen Augenbrauen schienen sich zu sträuben. Jedenfalls wirkten sie plötzlich noch buschiger als sonst und er ähnelte irgendwie Max Mutzke beim Grand Prix. Allerdings bedrohlicher. Er machte nicht den Eindruck, als sei er auch nur im Mindesten an Josefines Outfit interessiert. Und dass es vom Erhabenen zum Lächerlichen nur ein Schritt war, hatte nicht nur Napoleon bewiesen. Ich tat es ihm kräftig nach.

Im Bestreben, zum Schluss und damit nach Waterloo zu kommen, tippte ich irgendwo blind auf das obere Drittel der Karte, wo ich Belgien vermutete. »Ähm, ja, dann also Waterloo, hier, äh, ungefähr, der Ort seiner endgültigen Niederlage …«

»Danke, Kristina. Du hast dich auf dem Weg zu deiner persönlichen Niederlage im Fach Geschichte ja bemerkenswert weit in den Norden vorgearbeitet. Es fehlt nicht viel und Napoleon hätte als erster Mensch der Neuzeit den Nordpol erreicht. Setzen!«

Merde! Ich schlich frustriert an meinen Platz neben Lea.

»Was ist denn los?«, zischelte sie mir zu. »Immer noch Stress mit Meik?«

Weil das die einfachste Erklärung für meinen abartigen Seelenzustand zu sein schien, nickte ich ergeben. Und als sie mitfühlend ihre Hand auf meine Flosse legte, war ich froh, eine so gute Freundin zu haben. So hörte ich nur durch die weiche Iso-Wolle freundschaftlicher Geborgenheit, wie Birkenstock unsere Oberschleimschnecke Gracia als Nächste drannahm.

»Gracia, könntest du Napoleon nach Mitteleuropa zurückholen, ehe er sich am Nordpol den Hintern abfriert?«

Konnte sie natürlich.

Versonnen sah ich aus dem Fenster. Eine weiße Wolke nahm nach und nach die Form eines fast perfekten Herzens an. Ach, Dave! Ich seufzte innerlich. Plötzlich fuhr ein heftiger Wind hinein und riss die Herzwolke in zwei Hälften auseinander. Ach, Meik!

Als ich nach diesem anstrengenden Tag aus der Schule kam, erwartete mich ein Schock: Mam war spurlos verschwunden.

Ihr Arbeitsplatz war übersät mit Computerausdrucken und auch ihre Pinnwand war damit zugepflastert. Fette rote, blaue und schwarze Markierungen waren überall angebracht und leuchteten mir entgegen. Wer nicht da war, war Mam.

»Mam? He, wo steckst du? Ma-ham???«

Keine Antwort. Ich suchte das Haus nach ihr ab.

Plötzlich hörte ich Schnuffel freudig kläffen. Aha, da schien die Gesuchte ja endlich aufzulaufen. Ich jumpte die Treppe runter. Immer zwei Stufen auf einmal. Auf dem letzten Absatz stoppte ich abrupt. Uups! Was war denn das?

Mam stand in Jeans und Sweatshirt in der Tür und trug zwei schwere Plastiktüten. Das Haar war ungewaschen und nicht mal richtig frisiert. So ging sie doch sonst nicht mal in den Garten, geschweige denn zum Einkaufen.

»Mam?«, fragte ich verunsichert. »Kann ich dir irgendwie helfen?«

Sie sah zu mir hoch, der erschöpfte Gesichtsausdruck war fort, sie strahlte hochprozentige Fröhlichkeit aus, die Augen glänzten. Ähm, so einen Anblick bot sie sonst allenfalls nach drei Gläsern Wein und einem mindestens viergängigen Festmenü.

Ehe ich noch nach den Ursachen ihres offenbar ins Unermessliche gesteigerten Lebensgefühls forschen konnte, sagte sie ein bisschen zu fröhlich: »Ah, wunderbar, du bist schon da, Kiki! Nimm mir doch mal eine Tüte ab.«

Ich nahm. »Was haste denn da drin? Pflastersteine? Ist ja megaschwer.«

»Spargel! Ich hab mal eben beim Bauern ein bisschen Spargel gekauft. Dachte, ehe die Zeit vorbei ist, sollten wir mal richtig zuschlagen …«

Ich wog auf dem Weg in die Küche die Tüte, die mich fast zu Boden zog, in Gedanken ab. Das waren doch mindestens vier bis fünf Kilo. Ein bisschen Spargel war ja wohl untertrieben. Fragte sich, wer die essen sollte und … was war eigentlich in der anderen Tüte? Kartoffeln?

»Na, auch Spargel.«

»Mam«, sagte ich in therapeutischem Tonfall, »selbst wenn Papa heute plötzlich auf der Matte stehen sollte, meinst du nicht, zehn Kilo Spargel sind für unsere Familie ein bisschen viel?«

Liebes Lieschen, selbst wenn ich Meik noch zum Essen einladen würde, um ihm dieses erotische Gemüse in Massen zuzufüttern und so die Trendwende in seinem Gefühlshaushalt herbeizuführen, wer, bitte schön, sollte zehn Kilo Spargel schälen. Ich gewiss nicht!

»Du hilfst mir doch beim Schälen?«, sagte Mam und holte schon die Spargelschäler aus der Küchenschublade.

»Mam, das ist eine Schnapsidee«, wollte ich abwehren, als ich ihren Atem roch. Alkohol! Dieser glasig-glänzende Blick kam also nicht von ungefähr.

»Du bist ja betrunken!«, schimpfte ich sofort mit ihr.

»Nein! Wie kommst du darauf?«

»Du benimmst dich so, riechst so, guckst eigentümlich verklärt und tust unsinnige Sachen!«

Ohne jede Vorwarnung kam der Zusammenbruch. »Unsinnige Sachen mache ich seit Tagen! Heute habe ich zum ersten Mal wieder etwas Sinnvolles vor – nämlich ein anständiges Essen zu kochen!«

Dann sank sie mit einem tiefen Seufzer auf den Küchenstuhl und brach in Tränen aus.

Liebes Lieschen! Peinlich berührt trat ich zu ihr, legte zaghaft meine Hand auf ihre Schulter und reichte ihr ein Stück Papier von der Küchenrolle.

»Aber ich verstehe dich nicht. Du arbeitest doch an dieser tollen Kampagne für Dave Divine, das ist doch ein super Job, den du machst, und niemand von uns verlangt, dass du auch noch aufwendig für uns kochst.«

Aber ich hatte offenbar das Problem nicht ganz gerafft.

»Ich mache einen Scheißjob!«, stöhnte sie verzweifelt und verschmierte ihr Augen-Make-up dekorativ über das ganze Gesicht, sodass sie aussah wie ein Hilfsschornsteinfeger nach dem ersten Rohrputzen. »Ich kriege nichts auf die Reihe und in zwei Tagen ist Ausschreibungsschluss. Dann muss das Ding eingetütet sein. Mir fällt absolut nichts zu diesem Typen ein!«

Meine Güte! Wenn es weiter nichts war!

»Aber warum hast du denn nichts gesagt!«, stieß ich freudig erregt hervor. »Ich bin Experte für Dave Divine! Ich hab dir doch meine Hilfe angeboten!«

Sie wischte wieder in ihrem Gesicht herum, was die Katastrophe nur noch vergrößerte. »Ach, das ist ja nett gemeint, Kind. Aber das muss eine absolut coole und professionelle Kampagne sein. Wir sind schließlich nicht die einzigen Bewerber und die Konkurrenz schläft nicht ...« Sie schüttelte verzweifelt den Kopf. »Dabei hätte ich es doch so gerne geschafft, auch weil du dich so gefreut hast ... Aber ich hab einfach keine Ideen!«

»Und da hast du gedacht, mit ein paar Gläschen Wein klappt das besser mit der Inspiration und so ...?«

Sie nickte schuldbewusst. »Na ja, so in Gesellschaft werde ich doch immer so schön locker und dann sprühe ich nur so vor Geistesblitzen …«, meinte sie und stand seufzend auf. »War wohl doch ein Irrtum. Frustsaufen bringt's echt nicht. Schreiben wir die Sache also endgültig ab.«

Sie drückte mir ein Spargelmesser in die Hand. »Los, Kiki, lass uns wenigstens was Leckeres kochen.«

Ich überlegte blitzschnell. Natürlich war es Schwachsinn, zehn Kilo Spargel zu schälen, aber es war genauso ein Schwachsinn, zu glauben, in ihrem jetzigen Zustand ein wirklich vernünftiges Wort mit ihr sprechen zu können.

Also sondierte ich vorsichtig. »Du hast doch noch nichts unternommen, oder? Ich meine, du hast den Auftrag doch noch nicht zurückgegeben?«

Sie schüttelte den Kopf.

Na, dann war das Kind also noch nicht gänzlich in den Brunnen gefallen. Ich folgte Mam, den restlichen Spargel hinter ihr herschleifend, in den Garten, wo wir uns vors Haus auf die Gartenbank setzten.

Los, raunzte ich meinen inneren Coach an, *jetzt kannste ja mal dein Genie beweisen, du Klugschwätzer, nun komm mal rüber mit ein paar genialen Vorschlägen.*

Wir schälten fast vier Stunden Spargel. Mam wurde nach und nach wieder nüchtern und als ich den dritten Kaffee für sie gekocht hatte, war das Projekt gerettet und die Promotion für Dave Divine in trockenen Tüchern.

Und was, glaubt ihr, war das geile Herzstück der Kampagne? Ihr erratet es nie: ein nigelnagelneuer Dave-Divine-Fanclub. Und wer würde wohl dessen Leiterin werden? Genau! Niemand anders als ich – Kiki Siebert.

Als der Keks nach Hause kam, war Mam wieder top. Klar, dass ihr Zusammenbruch unser kleines Frauengeheimnis blieb.

»Sauf nie im Frust Alkohol«, warnte sie mich noch, dann legte sie Spargel und Schinken auf, und nachdem wir so viel, wie wir konnten, davon verdrückt hatten, fror sie den Rest ein und setzte sich mit frischem Mut an ihren Computer.

Ich hängte mich sofort ans Handy, um die Pepper Dollies zusammenzutrommeln. Eine Stunde später trudelten sie eine nach der anderen bei uns ein.

»Meine Güte, jetzt bin ich aber wirklich neugierig, was es so Wichtiges gibt, dass ich mein Badmintonmatch mit Raffi abbrechen musste«, schnaufte Franzi abgehetzt.

»Wart's ab!« Ich blieb geheimnisvoll und lotste sie dann alle in mein Zimmer.

»Liebes bissje!«, entfuhr es Greetje. »Wat is passiert?«

Fassungslos starrten alle drei auf die unzähligen Bilder von Dave Divine.

Dann sagte Franzi muffig: »Du hast uns doch wohl nicht hierherbestellt, nur um uns das zu zeigen?« Ein Wutwölkchen begann ihre Stirn zu verdunkeln.

»Natürlich nicht! Aber es gehört schon dazu.«

»Wie, gehört dazu?«

»Kannste jetzt mal Klartext reden?«

Alle drei bestürmten mich. In wenigen, aber dramatischen Sätzen erzählte ich von Mamas Kampagne und der supermegagenialen Idee, im Zusammenhang damit einen Dave-Divine-Fanclub zur Unterstützung der Promotion zu gründen.

»Kapiert ihr! Seine Karriere liegt in unserer Hand!«

Sie kapierten offensichtlich nicht.

»Wieso in unserer Hand? Was haben wir damit zu tun?«

»Was ihr damit zu tun habt?« Nun enttäuschten sie mich aber doch. Ich hatte sie nämlich bisher eher zu den Schnellmerkern gezählt. »Na, Leute, das ist doch transparent: Der Fanclub sind WIR!«

Die Cents rasselten plötzlich runter wie beim Jackpot in einem einarmigen Banditen. Und dann kriegten sie sich alle drei gar nicht wieder ein.

»Das ist ja mega!«

»Nein, wie krass!«

»Oh, oh, geilo!!!«

»Und du meinst, wir sind das dann ganz offiziös, so richtig autorisiert?«, fragte Franzi schließlich.

»Klar, wenn meine Mutter den Auftrag kriegt, dann sind wir Teil der Promotionkampagne für Daves neues Album und managen den Fanclub.« Ich grinste. »Klar, dass wir dann überall dabei sein dürfen – bei seinen Auftritten und backstage und wir können seine Autogrammpost beantworten und Autogramme verschicken und 'ne Fanpage ins Internet stellen.« Ich atmete tief ein, weil mir vor lauter Aufregung glatt die Luft wegblieb. »Wir, wir knüpfen ein riesiges Fan-Netz und machen einen Megastar aus ihm!«

Ein bisschen wurde die Begeisterung dann aber doch gedämpft, als ich zugeben musste, dass alles noch im

Projektstadium war und davon abhing, ob Mam den Auftrag tatsächlich bekam.

»Und warum machst du jetzt schon so einen Aufstand?«, wollte Franzi wissen.

»Mam meinte, ich sollte euch erst fragen, ob ihr in diesem Fanclub mitarbeiten wollt. Da er zentraler Bestandteil ihres Vorschlags ist, muss gewährleistet sein, dass er auch wirklich realisiert werden kann.«

Einen Moment herrschte Schweigen und ich befürchtete, dass sie nun doch einen Rückzieher machen würden.

Schade, ich fand es eine so gute Idee und damit hätten wir Mams Projekt bestimmt retten und den Auftrag für ihre Agentur an Land ziehen können. Na ja, schade eben. Außer Spesen nix gewesen.

Ich wollte frustriert das Meeting beenden, als Lea mit ihrer klaren Stimme sagte: »Warum sollen wir eigentlich auf diese Promotionkampagne warten? Warum gründen wir den Fanclub nicht gleich jetzt? Wir stehen doch alle auf den Typ!«

Hatte ich richtig gehört?

Ich fiel Lea spontan um den Hals. »Genial! Echt genial, Lea! Ja, genau das machen wir!«

Eine halbe Stunde später war ein Satzungsentwurf, den Mams Profis später noch überprüfen konnten, in meinen PC getippt und für jedes Mitglied ausgedruckt. Ich wurde zur ersten Vorsitzenden gewählt und Mam zum Ehrenmitglied.

Dann stießen wir mit brauner Brause an und tauften den Fanclub: Daves Dollie-Club!

Hoch die Tassen!

Ein Fanclub ist was Tolles! Echt! So für einen Star schwärmen, das kann einem schon das Leben ziemlich durchsonnen, auch wenn man nur so 'n Single-Fan ist. Ich hatte es ja immer schon groovy gefunden, wenn ich von Dave irgendwo ein Foto ergattern konnte oder sein Videoclip im Fernsehen lief. Das war schon echt königlich. Und wenn ich mir dann im stillen Kämmerlein einen Videomitschnitt von *Top of the Pops* reinzog oder mich in seinen braunen Augen auf dem Starposter verlor, dann flatterte mein Herz manchmal schon ganz gewaltig.

Aber das war ja alles nichts gegen einen Fanclub.

Ich hätte das selbst gar nicht so erwartet, aber als ich mit den Pepper Dollies in der nächsten Freistunde unter der Schulhoflinde saß, da merkte ich, was mir bisher entgangen war. Alleine für einen Star schwärmen hat was, aber es mit drei Schwestern im Geiste zusammen zu tun, ist der Hype.

Schon diese Masse an kreativen Ideen zur Gestaltung des Fanclubs hätte ein Single-Fan nie produzieren können!

»Wir müssen uns erst mal bei anderen Fanclubs schlaumachen«, schlug Lea vor.

»Dann wäre 'ne Internet-Recherche angesagt«, folgerte ich. »Ein guter Fanclub braucht ja sowieso eine coole Homepage!«

»Wer richtet uns die denn ein?«, fragte Franzi etwas verunsichert. Sie war ja ein pfiffiges Mädchen, aber mit Technik hatte sie nicht allzu viel am Hut.

»Dein Raffi zum Beispiel«, neckte ich sie. Der Knabe hatte nämlich davon genauso viel Ahnung wie sie –

oder eher noch weniger. Die Informatik-AG verwandelte er durch seine permanenten Rechnerabstürze jedenfalls jedes Mal in ein Chaos.

Franzi sah mich misstrauisch an.

Um nicht zur Zielscheibe ihres Zorns zu werden, lenkte ich schnell ab. »Vielleicht kann uns da jemand aus der Agentur meiner Mutter helfen. Wenn wir schon offizieller Bestandteil der Promotionkampagne werden sollen, müssen die auch die entsprechenden Voraussetzungen schaffen.«

»Das is' eine passende Gedanke«, stimmte Greetje erfreut zu. »Ich entwerfe eine schöne Gestaltung und dene machen das dann in eine Homepage.«

»Gut«, erklärte Franzi, »dann gehen wir nach der Schule in den Computerraum und klicken uns mal ein bisschen durch die Szene.«

»Was könne wir noch mache?«, überlegte Greetje gleich weiter. »Eine Logo vielleicht?«

»Was willste damit?«, fragte Franzi. »'ne Fahne bedrucken? Sollen wir die dann schwenken – wie die Cheerleaders?«

»Quatsch«, sprang Lea Greetje bei. »Die Idee ist cool. Jeder Verein und jede Firma hat ihr Logo oder Markenzeichen. Klar, dass unser Fanclub so was auch braucht.«

»Kannst ja was aus den Anfangsbuchstaben von *Daves Dollie-Club* entwerfen«, schlug ich vor.

»Ich probiere«, stimmte sie zu.

Also, Logo erledigt.

»Mitgliederwerbung!«, brachte Franzi das nächste Thema auf. »Das ist das Wichtigste überhaupt. Ohne ganz viele Mitglieder tritt ja der Werbeeffekt nicht ein.«

Da hatte sie aber mal recht. Doch wie sollten wir an neue Mitglieder rankommen?

»Na, schaut euch doch mal um!«, sagte Lea auf meine diesbezügliche Frage.

»Häh?« Ich checkte nicht gleich.

»Mensch, Leute! Habt ihr Tomaten auf den Augen? Jedes zweite Mädchen auf diesem Schulhof ist garantiert in Dave verknallt und was schließen wir daraus?«

Franzi kicherte. »Dass jedes zweite Mädchen überglücklich wäre, unserem Fanclub beizutreten!«

»GENAU!«

»Die müssen einen Mitgliedsausweis kriegen ...«, stellte Lea fest.

»Siehste, schon wieder was, wofür wir ein Logo brauchen können. Greetje, ran! Kreativ werden!«, feuerte ich sie an.

Das mussten wir ihr nicht zweimal sagen. Sie hatte bereits ihren kleinen Skizzenblock und einen Stift aus ihrem Rucksack gekramt und strichelte eifrig drauflos. Wie ich sie da so hocken sah, erinnerte ich mich an die verregnete Radtour in den Sommerferien, von der sie viele witzige Skizzen angefertigt hatte. Die von Raffi im Kuhfladen war sogar in unserer Lokalzeitung veröffentlicht worden.

Ich kicherte bei dieser Erinnerung.

»Kichre nicht, trag was zur Organisation bei«, ermahnte mich Franzi. »Du bist schließlich die Leiterin des Fanclubs. Wie wollen wir es machen mit den Mitgliedern? Jeden aufnehmen oder nur ausgewählte Leute?«

»Ich bin für jeden«, kam Lea mir mit der Antwort zuvor. »Schließlich soll es ja ein Mega-Fanclub werden, der ganz viel für Daves Karriere bewegt …«

Wobei wir bei der nächsten Frage waren: Was genau konnten wir eigentlich tun, um Daves Karriere zu fördern?

»Na ja, ich denke mal, wir müssen dafür sorgen, dass er bekannt wird und alle sein neues Album kaufen«, überlegte Lea.

Franzi rümpfte die Nase. »Das ist ja nur Kommerz! Ich denke, das macht die Agentur von Kikis Mutter? Wir sollten uns doch lieber auf was anderes konzentrieren!«

»Und zwar was?«, wollte Lea nun ein wenig zickig wissen.

»Zum Beispiel zeigen, was er für ein Mensch ist, und was für sein Image machen, ihn persönlich bei seinen Konzerten unterstützen und ihm backstage Mut zusprechen …«

Greetje ließ den Stift sinken und kriegte einen Lachkrampf.

Ich war auch nah dran.

Unsere Franzi, mal wieder kein bisschen egoistisch!

»Du willst dich nur an ihn ranschleimen! Für dich ist der Club 'ne reine Schleimagentur!«

Franzi reagierte beleidigt und kräuselte in der ihr eigenen Art die Nase. Das tat sie immer, wenn sie verlegen war. »Wieso schleime ich? Ist vielleicht eine unter euch, die diesen Club nicht deswegen machen will, um in Daves Nähe zu kommen? Na, wo ist die Mutter Teresa des Pop-Business?«

Wo sie recht hat, hat sie recht, dachte ich.

»Okay, Franzi! Brauchst nicht gleich beleidigt zu

sein. Natürlich wollen wir alle was von ihm haben und meine Mam hat versprochen, dass wir auch wirklich an ihn rankommen, wenn das Projekt an ihre Agentur geht.«

»Und wenn nicht?«

Musste Franzi denn diesen schrecklichen Gedanken aussprechen? Wir hatten ihn doch alle bisher so schön verdrängt!

Aber Lea war zuversichtlich. »Dann machen wir so einen Wirbel mit dem Fanclub, dass Dave uns gar nicht übersehen kann, und dann lädt der uns bestimmt auch so mal hinter die Bühne ein!«

Ihr Wort in Gottes Gehörgang!

Leider bimmelte die Schulglocke und wir mussten unser weiteres Brainstorming in Sachen Fanclub erst einmal unterbrechen. Frau Ingrimm wartete mit einem Vokabeltest. Hoffentlich kriegte ich dafür meinen Kopf frei.

Nach der Schule nahmen wir den Informatikraum in Besitz und klickten uns durch diverse Fanpages. Danach war klar, was unsere Fanclubseite alles so benötigte. Auf jeden Fall viele Rubriken: Daves Steckbrief, seine Songs, tolle Dia-Shows von Daves Konzerten, Mitgliederverzeichnis, Fanartikelshop, ein Dave-Forum, einen Fanclubtreff nur für Mitglieder, einen offenen Chat und ein Gästebuch.

»Das is' aber sehr aufwendig«, meinte Greetje und es klang etwas ausgepowert. »Das können wir doch nie schaffe.«

»Alleine nicht, aber Mam hat da schon die richtigen

Leute an der Hand, die machen das. Wir müssen nur sagen, wie es aussehen soll, designmäßig, das Technische regeln die dann schon.«

»Na, dann isses ja gut«, seufzte Greetje erleichtert.

»Wie findet ihr als Domain-Namen *Dave4ever.de*? Soll Mam ihn so anmelden, wenn er noch frei ist?«

Mein Vorschlag fand begeisterte Zustimmung.

Ich hatte mich grade in das Forum von Superstar Alexander eingeloggt und mit einem vierzehnjährigen Mädchen einen Meinungsaustausch darüber begonnen, was sie denn an Alex so gut fand (jaul!), als Mona reinbretterte.

»Hey, Girls! Was macht ihr denn hier?«, fragte sie in ihrer fröhlich-dynamischen Art. »Müsst ihr auch ein Referat vorbereiten?«

Und ehe ich noch ein von unserem wahren Vorhaben ablenkendes, geschwindeltes »Ja« von mir geben konnte, rutschte Greetje schon ein schwindelfreies »Nej!« heraus. »Wir mache eine Homepage für unsere Fanclub.«

Oh nein!

Das konnte sie doch einem Mädchen wie Mona nicht verraten, die würde ja sofort ...

Tat sie auch.

»Euren Fanclub? Was für einen Fanclub denn? Hab ich da was verpasst?«

Hatte sie, und das war auch Absicht! Von mir jedenfalls.

»Einen Fanclub für Dave Divine«, steuerte Lea arglos weitere Infos bei.

»Dave Divine? Das ist ja krass!« Mona stieß einen begeisterten Schrei aus. »Wie seid ihr denn auf die Idee gekommen? Auf den Typ fahre ich ja voll ab. Da mache ich mit!«

Hallo? Hat dich jemand dazu aufgefordert? Ich jedenfalls nicht! Das ist mein Fanclub. Der ist für Männerverwirrerinnen gesperrt!

»Wir haben Aufnahmestopp!«, pampte ich frustriert los.

»Haben wir?« Greetje sah mich entgeistert an.

Und Lea meinte ebenfalls leicht verwundert: »Ich denke, je mehr Mitglieder, umso besser?«

Ich wand mich. Herr des Himmels! Kapierten die denn nicht, worum es ging? Wenn Mona im Fanclub war, würde sie sofort alles an sich reißen, und sobald wir ein Date mit Dave arrangiert hätten, würde er nur noch Augen für sie haben und ihr, wie alle anderen männlichen Wesen auch, rettungslos verfallen. Das war doch nun wirklich nicht der Sinn der Sache.

Ich beschloss in die Offensive zu gehen. Mittelschweres Geschütz.

»Klar kann Mona eintreten! Aber jetzt noch nicht. Wir müssen ja schließlich erst mal die ganze Organisation anleiern …«

»Aber dabei kann ich euch doch helfen!« Mona ließ sich nicht so leicht abwimmeln. »Ich bin ein unheimliches Organisationstalent.«

Hm, ja, echt unheimlich! Okay, dann schweres Geschütz. Ich zündete meine letzte Granate.

»Also, wir müssen sowieso erst mal abwarten, ob das ganze Projekt was wird. Und dann müssen wir alles mit der Werbeagentur abstimmen, und wenn alles klar ist, sprechen wir dich wieder an.« Ich warf den Pepper Dollies einen scharfen Blick zu. »Stimmt doch, oder? Im Moment gibt es für Mona echt nichts zu tun!«

Die drei anderen schauten zwar irgendwie verständnislos, verkniffen sich aber weitere Bemerkungen.

»Na gut«, gab sich Mona endlich zufrieden. »Dann mach ich mich mal an mein Referat. Aber wenn da was läuft in Sachen Fanclub, bin ich dabei! Nicht vergessen!«

»Auf keinen Fall!«, sagte ich scheinheilig und schämte mich nur sehr wenig dabei. Das war einfach nur Notwehr und die war erlaubt.

Da Mona sich nun an einen der unbelegten Rechner setzte, konnte frau allerdings kein freies Wort mehr wechseln.

»Lasst uns mal Milchkaffee trinken gehen«, schlug ich daher vor.

Wenigstens Franzi schien die knifflige Situation nun erfasst zu haben und stimmte darum gleich zu. Auf dem Weg zu unserem Lieblingscafé meinte sie verständnisvoll: »Na, ist deine Monaphobie wieder ausgebrochen? Ich dachte, ihr habt das Kriegsbeil nun ein für alle Mal begraben.«

Ich schüttelte den Kopf. »Das hat nichts mit Krieg zu tun. Krieg kannste mit den Schleimschnecken oder den Gorillas führen, nicht mit Mona. Die ist dazu viel zu nett. Aber ihr könnt doch nicht leugnen, dass sie jedem die Schau stiehlt.«

»Aber dafür kann sie nix«, nahm Greetje sie in Schutz.

»Nein, kann sie nicht, hab ich auch nicht behauptet. Aber glaubt ihr echt, ich mache den ganzen Aufwand mit Fanclub und so, damit sie hinterher die Trophäe wegschleppt?«

Greetje kapierte nicht. »Trophäe? Welche Trophäe? Gibt es eine Pokal?«

»Quatsch! Ich meine Dave! Dave ist die Trophäe und der gehört mir und nicht ihr!« Ich fing einen eigenartigen Blick von meinen Freundinnen auf. »Äh, ich meine, Dave gehört … *uns*!«

»Na, dann ist ja gut«, sagte Lea und es klang erleichtert. »Ich dachte schon, du willst uns nur ausnutzen für deinen Club und dir dann Dave alleine unter den Nagel reißen!«

Ich hob abwehrend die Hände und machte auf empört. »Wie könnt ihr so etwas denken! Auch wenn wir das ja alles meiner Mutter zu verdanken haben … Wir sind alle gleichberechtigt …«

Und insgeheim dachte ich, aber ein kleines bisschen gleichberechtigter bin ich schon!

Schüttelte da mein innerer Coach den Kopf? Der würde bald noch mehr zu schütteln haben. Denn ich, Kiki Siebert, würde einen Fanclub für Dave Divine auf die Beine stellen, wie ihn die Welt noch nicht gesehen hatte. Und Meik würde schön dumm gucken, wenn Dave mir dankbar zu Füßen sank. Aber er war selber schuld, er hätte sich ja nur ein wenig über meine Regenwürmer zu freuen brauchen!

Der Typ gehört uns!

Als ich nach Hause kam, war die Bude zum Bersten voll. Sogar im Vorgarten standen Menschen mit Sektgläsern in der Hand herum und aus allen Fenstern dröhnte laute Musik.

Liebes Lieschen, was war denn hier los?!

Mam stand lachend in der Haustür, und als sie mich sah, winkte sie strahlend herüber und rief: »Kiki, komm her, du Genie!« Und zu irgendwelchen wildfremden Menschen sagte sie, indem sie auf mich deutete: »Das ist meine Tochter, sie hatte diese brillanten Ideen für die Kampagne.«

Als ich mir durch die Menge einen Weg zu Mam bahnte, fingen die Leute um mich herum spontan zu klatschen an. Ich fühlte, wie mir die Hitze in den Kopf stieg und wie meine Schritte automatisch schneller wurden. Bloß weg hier, ehe es noch peinlicher wurde. Was hatte ich denn nur getan, dass mir so viel unerwünschte Aufmerksamkeit zuteil wurde?!

»Du hast mir geholfen, den Auftrag mit Dave Divine an Land zu ziehen!«, klärte mich meine Mutter auf, sobald ich mich neben ihr auf der Türschwelle in Sicherheit gebracht hatte. »Wir haben das Projekt bekommen!« Sie nahm mich in den Arm und drückte mir einen fetten Schmatzer auf die Wange. »Danke, Kiki! Danke für deine Mithilfe!«

Wie peinlich sich doch Mütter machen können! Wieder brandete Beifall auf und ich stolperte Asyl suchend ins Haus.

Prompt bretterte ich in den Scherzkeks rein. Er stand grinsend im Flur und schaute mit verschränkten Armen dem Schauspiel zu, das sich ihm im Türrahmen bot. Musste wie ein überdimensionaler Fernseher auf ihn wirken.

»Was gaffst du?«, raunzte ich ihn an. Sein Grinsen wurde noch breiter und ich wütender. »Nun sag schon! Was stehst du da so blöde grinsend rum?«

»Ich grinse nicht, ich lächele.«

»Du tust WAS?« Diese Art von verfeinertem Sprachgebrauch war ich von meinem Bruder überhaupt nicht gewohnt.

»Ich lächele und freue mich, dass Mams Agentur den Auftrag bekommen hat.«

Das war mir unheimlich. »Einfach so?«

»Ja, einfach so.«

»Glaub ich dir nicht!«

Sein Grinsen bekam einen Schlag ins Teuflische. »Na ja«, gab er schließlich zu, »da lässt sich doch sicher ein Geschäft mit machen!«

»Geschäft?« Ich war alarmiert. »Du willst ein Geschäft damit machen? Was für ein Geschäft?«

»Devotionalienhandel!«

Häh? Langsam wurde mir der Kerl etwas zu hochbegabt. Was der für Fremdwörter kannte und dann sprach er die auch noch fehlerfrei aus!

»Was für einen Handel?«

»Devotionalien, geweihte Güter! Seine Fans zahlen doch bestimmt für seine abgelegten Socken, eine Locke von seinem Haar oder ein T-Shirt mit seinem Porträt und seiner Unterschrift ganz nette Sümmchen. Ich dachte, ich biete dem Typ mal in der Richtung was an ...«

Ging es dem noch gut?

»Nichts wirst du tun!« Ich ergriff ihn an den schmalen Schultern und schüttelte ihn. »Du wirst deine Griffel gefälligst von ihm lassen. Dave gehört ganz allein mir! Ich bin die Leiterin seines Fanclubs und der Fanclub entscheidet, was gemacht wird. Nicht dein geschäftsgeiles Kleinhirn!«

Er sah mich wütend an, dann drehte er sich auf der Stelle um und rannte in sein Zimmer. »Das werden wir ja sehen! Glaubst du, Dave steht auf liebestolle Zicken?!«

»Liebestoll?! Wer ist denn hier liebestoll? Und immer noch besser liebestoll als Abzocker!«

Es hätte echt in eine Handgreiflichkeit ausarten können, wenn Mam nicht hypermegasuper gelaunt und mit einem ganzen Schwanz von Leuten hinter sich aufgetaucht wäre.

»Prösterchen, Kind!«, rief sie mir zu und tänzelte dann beschwingt in Richtung Küche, wo gerade ein paar Typen vom Partyservice köstliche Antipasti-Platten abdeckten. »Kommt essen!«, trällerte Mam und stopfte sich schon selbst ein leckeres Häppchen mit Mozzarella und Tomate in den lachenden Mund. Meine Güte, was die nicht alles gleichzeitig konnte: reden, lachen, essen, trinken ....

»Kann ich die Pepper Dollies auch einladen?«, fragte ich.

Sie schob mir eine schwarze Frühstücksolive in den Mund und nickte. »Nur her mit ihnen, es ist genug zu essen da und als künftige Mitarbeiterinnen in der Kampagne gehören sie ja quasi schon zur Firma.«

Ich stieg in die erste Etage und sperrte mich im Klo ein, dann holte ich das Handy raus und simste: *Kommt alle her. Der Ballon steigt! Meine Mam hat den Auftrag. Dave ist unser Mann!*

»Ich werd nich mehr«, stöhnte Franzi. »Wenn ich noch einen Löffel von diesem köstlichen Tiramisu esse, platze ich.«

»Dann lass es«, sagte ich mitleidlos. Immerhin hatte sie wirklich schon die vierte Portion verputzt und jeder normale Mensch hätte längst speiend über einer Kloschüssel gehangen.

»Aber es ist soooo lecker ...«

Wir hatten uns in mein Zimmer zurückgezogen, um dort das Büfett und die sensationelle Nachricht gemeinsam in Ruhe zu verdauen. Wir schlürften braune Brause und waren einfach nur glücklich.

»Stellt euch vor, Dave kommt her und wir gehen mit ihm Eis essen«, fantasierte Lea. »Und dann sitzen wir bei Coko und die Schleimschnecken kommen plötzlich rein ...«

Gewieher.

»Daphne fällt in Ohnmacht. Die hat doch schon seit Wochen einen Starsticker von ihm auf ihrem Mathebuch. Die betet den doch an.«

Franzi kicherte. »Und dann sitzt der einfach da und isst mit uns Spaghetti-Eis.«

»Krass!«

Greetje schien es noch gar nicht fassen zu können. »Meinst du echt, ein Star wie er kommt wirkelig hierher in unsere Provinzstadt?«

»Der kommt auf jeden Fall. Das hat meine Mutter schon voll eingeplant. Glaubt ihr, wir machen eine Kampagne, von der wir nichts haben?« Nun war es an mir, einmal breit zu grinsen. »Da kennt ihr aber Kiki schlecht! Der Typ gehört ab sofort uns!«

Von brauner Brause kann man nicht besoffen werden. Dennoch! Als ich an diesem Abend spät ins Bett fiel, war mir, als hätte ich einen Schwips. Jedenfalls wirbelten und drehten sich die Gedanken in einem wilden Reigen in meinem Kopf und immer wieder sang es in meinen Ohren: Dave Divine, Dave Divine, Dave Divine!

Es war also kein Wunder, dass ich den Rest der Welt um mich herum kaum noch wahrnahm und auch für Meik nur einen minikleinen Gedanken übrig hatte. Der allerdings war ziemlich unerfreulich.

Aber was machte das schon angesichts der Tatsache, dass ein Traum dabei war, Wirklichkeit zu werden. Meine Mutter würde die Promotionkampagne für Daves neues Album machen und die Pepper Dollies und ich würden mit unserem Fanclub dabei eine megawichtige Rolle übernehmen. Wir würden Dave an die Spitze der Albumcharts katapultieren und er würde uns dafür die Füße küssen oder einer von uns sogar den Mund. Und wer die eine sein würde, war ja wohl klar: Kiki Siebert, das Promotiongenie, die Leiterin seines Fanclubs, ICH!!!!

Und dann passierte es tatsächlich. Ich begegnete Dave! Wirklich und in echt, leibhaftig und von Angesicht zu Angesicht. Ähm, das heißt …

Also gut, der Reihe nach.

Ich hatte mich nach der Schule auf den Weg zu Mams Agentur gemacht, weil ich mit dem Mediendesigner Gerd ein paar Möglichkeiten zur Gestaltung der Fanpage besprechen wollte. Die sollte schließlich so was von einem Knaller werden …

Na gut, erst mal knallte was anderes. Nämlich die Sicherung vom Fahrstuhl raus. So was passiert ja gelegentlich, aber meistens nur anderen Menschen oder überhaupt nur im Film. Diesmal aber traf es mich, und zwar heftig. Der Fahrstuhl blieb nämlich nicht einfach nur stecken wie bei einem normalen Stromausfall, sondern rauschte im freien Fall vom achten Stockwerk wieder bis ins Erdgeschoss. So ungefähr jedenfalls. Irgendwann griff ein Sicherungssystem und bremste ihn kurz vorm Auftitschen ab, aber da hatte es mich und ein paar andere Leute schon von den Füßen gerissen. Ich konnte nur froh sein, dass der Zweizentnermann, der ohnehin schon die meiste Luft im Fahrstuhl verdrängt und bei mir bereits vor dem Unfall Beklemmungen ausgelöst hatte, unter mir und nicht auf mir zu liegen kam.

Der hätte mich zu Grütze zerquetscht und das Ganze hätte einen wirklich tragischen Ausgang genommen. Unter zwei Zentnern Biomasse sein Leben auszuhauchen war schließlich nicht das, was man unter einem stilvollen Abgang verbuchen konnte.

So wähnte ich mich grade noch einmal davongekommen, als sich die Fahrstuhltür öffnete. Jedoch bevor ich noch selbst auf meine eigenen Beine kam, stieß der Fleischberg unter mir einen tiefen, grunzenden Laut aus und begann zu husten. Worauf ein Beben durch ihn hindurchging, das mich unsanft von ihm runterkatapultierte. Allerdings rutschte ich nicht nur von ihm runter, sondern auch gleich durch die geöffnete Fahrstuhltür hinaus vor die Füße der dort wartenden Personen. Madre mia!

Entsetzte Schreie und neugieriges Publikum, das hastig zur Seite sprang, als ich unsanft auf dem Po über den spiegelglatten Marmorboden der Eingangshalle des Bürohauses glitschte.

Krach! Ich wurde abrupt von einer klassisch schönen Alabastersäule gestoppt. Die jedoch geriet ins Wanken, und obwohl sie sich wieder fing, krachte der auf ihr stehende Kübel mit einem exotischen Rankengewächs dicht neben mir zu Boden und unzählige grüne Schlingarme griffen nach mir. Horror! War ich im Gewächshaus des Schreckens gelandet? Weit gefehlt!

Ich befand mich immer noch im Bürohochhaus des Schreckens und der größte Schrecken stand auf einmal wie aus dem Boden gestampft keine dreißig Zentimeter entfernt vor mir!

Dave Divine! Der Göttliche! Schluck.

Ich versuchte mit einer hektischen Bewegung, ganz unter die Schlingpflanze abzutauchen.

Der durfte mich um Himmels willen in diesem Zustand auf gar keinen Fall sehen. So eine Peinlichkeit ließ sich ja in hundert Jahren nicht wieder gutmachen.

Oh, oh, oh, wie schrecklich, wie grauenvoll!

Ich streckte eine Hand nach einem der grünen Triebe aus, um ihn über mich zu ziehen, als ich einen festen Griff spürte. NEIN!!! Lass es nicht Dave sein!, flehte ich die Himmlischen an. Vergebens.

Es *war* Dave, der da hilfsbereit seine warme, feste Hand nach mir ausgestreckt hatte und mich aus dem Tohuwabohu von Scherben, Tonkügelchen und Grünpflanzenresten zu sich hochzog. Bis an seine Brust, wo ich halb ohnmächtig kleben blieb.

»Was sich die Fans heutzutage alles einfallen lassen, um die Aufmerksamkeit eines Stars zu erregen!«, moserte eine mittelalterliche Schachtel und zückte dennoch ungerührt ihren Fotoapparat.

Ich schloss vor Scham und Verlegenheit die Augen und wünschte mir nichts sehnlicher, als wieder in dem Horrorfahrstuhl zu sein und mit ihm in Richtung Erdmittelpunkt zu düsen. Nur weg von hier, am besten tief unter die Erde. Aber nichts in der Hinsicht ließ sich in die Tat umsetzen und so stotterte ich als wohlerzogenes Mädchen, das ich war, erst mal eine Entschuldigung.

Stammel, verhaspel, rot werd.

»Kein Problem«, sagte Dave mit sanfter Stimme, in der unterschwellige Amüsiertheit mitschwang. »So dynamisch hat mich jedenfalls noch kein Mädchen um ein Autogramm gebeten.«

Autogramm? Der hielt mich doch nicht für eine durchgeknallte Autogrammjägerin? Als ich ihn sprachlos und völlig verstört anstarrte, drückte er mich noch einmal an sich und strich mir mit seiner freien Hand tröstend über den Rücken. Kraftvoll und zart zugleich und irgendwie total lieb!

Mein Gott, eine Gänsehaut kroch über meinen ganzen Körper und ich vergaß alles um mich herum.

Mit einem leisen Seufzer ließ ich mich ganz in dieses unbekannte Gefühl fallen und kostete dieses merkwürdige Erschauern, dieses verwirrende Kribbeln in mir mit allen Sinnen aus.

Und in einem Zustand völliger Unzurechnungsfähigkeit dachte ich, gleich, gleich wird er mich küssen.

Er küsste mich natürlich nicht.

Wie sollte er auch? Schließlich war ich für ihn ein völlig unbekanntes Mädchen, das durch einen misslichen Fahrstuhldefekt rein zufällig vor seine Füße geglitscht war und das nach dem Ringkampf mit einer tropischen Schlingpflanze vermutlich nicht gerade attraktiv aussah.

Und er, er war immerhin ein bekannter Popstar, der wusste, was man in der Öffentlichkeit tat und was nicht. Fremde Dschungelmädchen küssen jedenfalls nicht. Es reichte schon, dass er sich überhaupt um mich gekümmert hatte, denn sobald ich an seiner Brust lag, wollte das Blitzlichtgewitter der Hobby-Paparazzi um uns herum nicht mehr abreißen. Offenbar war inzwischen jeder in unserer Stadt mit einer Digicam ausgestattet. Ich verfluchte den Umstand, dass Mams Werbeagentur ausgerechnet in diesem Schickimicki-Bürohochhaus liegen musste. Irgendeiner der Umstehenden würde doch garantiert eins seiner Digifotos postwendend an die Lokalpresse mailen. Für die Rubrik *Klatsch und Tratsch in Boomtown!* Oh merde, merde, merde! Ich würde auswandern müssen … Andererseits, was war eigentlich so schlimm daran? Zwar hatte ich ein paar Grünpflanzen im Haar, die vielleicht nicht grade stylish kamen, aber immerhin lag ich an der Brust von Dave Divine. Eine Ehre, die sicher noch nicht allzu vielen Girls zuteil geworden war! Aus unserer Stadt garantiert nicht einem einzigen.

Meinetwegen konnten die Schleimschnecken ruhig ihre neidischen Sprüchlein in der Schule loslassen, wenn morgen wirklich ein Foto in der Zeitung war. Da stand ich doch drüber.

Ich, Kiki Siebert, hatte in Daves Armen gelegen und – er hätte mich fast geküsst.

Nach dieser spektakulären ersten Begegnung konnte ja alles nur noch besser werden. Der Fahrstuhldefekt wurde behoben und Dave und ich machten uns bekannt. Er reagierte ein kleines bisschen verlegen, als ich ihm sagte, wer ich war. Aber da auch er zu meiner Mutter wollte, begaben wir uns gemeinsam auf den Weg nach oben. Begleitet von Daves Managerin, die ich bisher gar nicht wahrgenommen hatte und die er mir nun natürlich auch vorstellte. Ich beäugte sie misstrauisch! Manager wäre mir sehr viel lieber gewesen als diese außerordentlich gut aussehende und schick gekleidete Manager*in*. Na ja, immerhin war sie mindestens zwanzig Jahre älter als wir!

Sicherheitshalber hatten wir die Treppe genommen, was bis zum achten Stockwerk einen ziemlich schweißtreibenden Aufstieg bedeutete.

Endlich oben angekommen, hatte ich mich wieder einigermaßen gefangen.

Mam machte dann allerdings alles erst richtig peinlich, weil sie sich bei meinem Anblick einfach nicht bremsen konnte und in schallendes Gelächter ausbrach. Grrr!

Ich stürzte auf die Toilette. Als ich in den Spiegel sah, konnte ich sie allerdings verstehen, und da ich nur die Alternative hatte loszuheulen oder ebenfalls zu lachen, entschloss ich mich zu Letzterem. Ich kicherte immer noch, als ich gesäubert und geputzt den Waschraum verließ und in Mams Büro rüberpilgerte.

Dave grinste mich offen und irgendwie verschmitzt an. Und als Mam sagte: »Da kommt ja unsere Liane, das Mädchen aus dem Urwald«, brachen wir alle noch mal in ein herzliches Gelächter aus.

Dann präsentierte Mam das Promotionprojekt für Daves neues Album und seine Managerin war total begeistert. Anschließend gingen wir noch zusammen essen, wobei sich uns ein paar weitere Leute von der Agentur anschlossen.

Mir gelang es, einen Platz neben Dave zu ergattern, was allerdings den Nachteil hatte, dass ich so gut wie nichts essen konnte. Meine Nerven flatterten in seiner erlauchten Gegenwart dermaßen, dass ich kaum die Pizza klein kriegte, geschweige denn den Weg mit der Gabel vom Teller bis zu meinem Mund schaffte.

Schmeiß ihm doch gleich die Pizza auf die Hose,

machte sich mein innerer Coach lustig über mein aus den Fugen geratenes Nervenkostüm. *Muss ja nicht immer ein Eisbecher sein.*

Ich erwürge ihn, dachte ich wütend, aber das brachte bei solch virtuellen Plagegeistern leider gar nichts.

So aß ich nur besonders vorsichtig, um ja nicht wieder so ein Malheur anzustellen wie bei meinem ersten Date mit Meik.

Natürlich fiel Dave meine zurückhaltende Art zu essen auf, und als er nach dem Grund fragte, stotterte ich etwas von fürchterlich satt und schon in der Schule viel gegessen. Das hatte zur Folge, dass er mir, nachdem er seine Pizza verputzt hatte, anbot, mir beim Vertilgen meiner Siciliana ein wenig zu helfen. Ich drückte ihm erleichtert mein Besteck in die Hände und er übernahm es anstandslos. Dann begann er die Pizza klein zu schneiden und mal sich und mal mich mit den leckeren Häppchen zu füttern. Ich vergehe, dachte ich bei jedem Bissen, den er mir hinhielt. Ich esse von seiner Gabel, äh, nein, er isst ja von meiner Gabel, also verdammt, wir essen von der gleichen Gabel!!! Juhu! Er hat mit meinem Gäbelchen gestochen, er hat mit meinem Messerchen geschnitten … Ich fühlte mich wie Schneewittchen, mit dem der Prinz das Hochzeitsmahl einnahm.

Nun dreh mal nicht gleich am Rad, spielte mein innerer Coach wieder den unromantischen Stimmungskiller. *Und pass auf, dass dir nichts in der Kehle stecken bleibt, sonst landest du noch im Glassarg.*

Aber so brauchte er mir nicht zu kommen! Nach dem Fahrstuhlschreck konnte mich heute gar nichts mehr schocken. Außerdem hatte ich Vertrauen in das Schicksal. Es hatte ganz sicher mit mir und Dave noch Großes vor. Warum hätte es sich sonst so viel Mühe geben sollen, für mein erstes Zusammentreffen mit ihm ein derart abgefreaktes Spektakel zu inszenieren?

I can stay right here forever in your arms …

Klar, dass ich einen der süßesten Träume aller Zeiten hatte.

Dafür schlug am nächsten Morgen gleich wieder die unerbittliche Realität zu. Als ich ins Bad kam, war das Waschbecken fleckig braun, und als ich genauer hinschaute, stellte ich fest, dass überall Make-up verschmiert war. Mir schwante Schreckliches: Das war doch nicht etwa mein kostbares Make-up von Estée Lauder?

Exakt das war es. Die Tube lag, genauso verschmiert wie das Waschbecken, auf der Ablage, der Schraubverschluss daneben.

Nicht nötig, nach Fingerabdrücken des Übeltäters zu suchen. Das war eindeutig die Handschrift meines pansigen Bruders.

Ich riss die Badezimmertür auf und brüllte ins Treppenhaus: »Fass du noch mal mein Make-up an, du Mistkerl! Kauf dir im Drogeriemarkt einen Abdeckstift für einen Euro oder schmier dir Clearasil auf dein pubertäres Pickelgesicht, aber nicht mein teuer erspartes Make-up! Das zahlst du mir!«

Und fluchend säuberte ich die Tube und drehte sie sorgfältig wieder zu. War ja genau der Einstieg in den Tag, den ich mir erträumt hatte. Brüder sollten verboten werden!

Rums! Das nächste unerfreuliche Ereignis des Tages war eine unsanfte Landung, um nicht zu sagen, ein echter Absturz!

Ich war gerade auf einer marshmallowweichen Wolke dahingetrieben, umnebelt von rosaroten Gedanken an Dave Divine, als sich mir schmerzhaft die schrille Stimme von unserer Oberschleimschnecke Gracia ins Gehör bohrte. »Nun mach schon, Kiki, du bist dran.«

»Dran? Ich? Womit?« Völlig ahnungslos starrte ich Franzi an.

Die deutete mit dem Finger ins aufgeschlagene Lektüreheft und zischelte: »Mit Lesen, da, zweiter Absatz, dritte Zeile.«

Ach Himmel, ja, da waren meine Gedanken aber mal wieder sehr weit aus dem Klassenzimmer abgeschweift.

Ich versuchte mich zu konzentrieren, was mir aber misslang, weil unser Klassen- und Deutschlehrer Dr. Wolf, genannt Wölfchen (im Schafspelz), auf meinen Tisch zusteuerte. Vermutlich wollte er sehen, was das Vorlesen aus dem geleierten Rhythmus gebracht hatte.

»Kristina?«, fragte er auch sogleich. »Warum geht es nicht weiter? Irgendein Problem?«

Äh, nein, eigentlich nicht, außer dass es Mädchen, die von Marshmallow-Wolken gefallen sind, schon mal an Orientierung mangelte. Besonders, wenn es um wenig romantische Texte wie unsere Pflichtlektüre ging.

Mein Blick fiel auf den Text und blieb an einem Fremdwort hängen und ich fragte Wölfchen, wie man es denn korrekt aussprechen müsste.

Gekicher, denn ich hatte die Betonung bewusst exotisch gestaltet. Egal, wenn mich jetzt alle für den letzten Dödel hielten. Hauptsache, ich konnte Wölfchen einen unverdächtigen Grund für meine momentane Verwirrtheit anbieten. Der musste nun wirklich nicht wissen, dass ich mich über weite Strecken seines nicht eben spannenden Unterrichts auf Wolke Nummer sieben verzogen hatte. Ich seufzte.

Worauf Wölfchen sogleich mitleidig sagte: »Ist doch gar nicht so schwer«, und das Wort noch einmal richtig wiederholte.

Ich legte ein wenig Schleim auf meine Zunge und bedankte mich mit geheucheltem Augenaufschlag

Da ich nun die Stelle gefunden hatte, konnte ich auch endlich weiterlesen. War ja noch mal gut gegangen! Bei Unaufmerksamkeit war er nämlich sonst recht ungnädig und ließ einen schon mal ganze Seiten aus der Lektüre abschreiben.

Das konnte ich aber zurzeit gar nicht brauchen. Entweder steckte ich nämlich jede freie Minute bei Mam in der Werbeagentur und bastelte mit Gerd an der Fanpage für Dave oder ich trieb mich im Internet herum, um bei anderen Fanclub-Seiten ein paar Ideen abzustauben.

Auch heute setzte ich mich trotz des Protestes der Pepper Dollies, die lieber auf dem Schulhof die Frühlingssonne genießen wollten, in der Freistunde an einen PC im Informatikraum. Gerade hatte ich die Page von Daves Plattenfirma aufgemacht und betrachtete versunken das Porträt, das seine Single zierte.

Meine Güte, war der Typ süß, und was für einen tollen Mund der hatte! Den würde ich ja zu gerne mal küssen.

Ich wurde schlagartig aus meinen Gedanken gerissen, als plötzlich Mona auftauchte, sich an den Nachbarcomputer warf und gleich darauf aufquiekte: »Schrill! Guck mal, Kiki, was für ein toller Test! Vielleicht lässt sich damit dein Problem lösen.«

»Welches Problem? Welcher Test?«

»Na, deine Krise mit Meik. Bastian hat mir erzählt, dass ihr so was wie eine Beziehungspause eingelegt habt.«

Das war ja eine sehr dezente Umschreibung. Musste ich mir merken, konnte ich ja auch als offizielle Sprachregelung verwenden: Beziehungspause! Das musste man sich auf der Zunge zergehen lassen.

»Und wie soll mir da ein Test helfen? Was für ein Test überhaupt?« Ich drehte mich zu ihr um.

»Ein Kusstest! Schau mal, wie irre. Den hätten wir gut für unsere Kussrevue gebrauchen können.«

Ich stand auf und trat neugierig hinter sie.

Mona war total aus dem Häuschen. Schrecklich, diese Begeisterungsfähigkeit!

»Meinste denn, da ist wirklich was dran?«, fragte ich skeptisch. »Ist das nicht nur so ein Gag?«

Mona zuckte mit den Schultern. »Keine Ahnung. Wir müssen es halt mal ausprobieren, wenn wir es beurteilen wollen.« Sie starrte mir peinlich intensiv auf den Mund. »Hier steht, die Lippenform ist entscheidend.«

»Entscheidend wofür?«

»Was für ein Kusstyp man ist. Leidenschaftlich oder schüchtern, heiß und stürmisch oder sanft und zärtlich …«

Ich stierte fasziniert auf die Seite.

Kuss-Test: Lippenbekenntnis, las ich.

Hm, der Link stand gleich auf der zentralen Eröffnungsseite vom Internet-Provider. Dann konnte es so ein Schrott ja eigentlich nicht sein.

»Wollen wir das mal aufrufen?«, fragte Mona und hatte schon den Mauszeiger daraufgesetzt.

Ich nickte. »Klar.«

Ein paar Infos darüber, was für ein Kusstyp Meik oder gar Dave war, konnten vielleicht ganz nützlich sein. Eventuell konnte ich auf diese Weise ja wirklich neue Erkenntnisse gewinnen und feststellen, wer von den beiden besser zu mir passte.

Rote Lippen soll man küssen, denn zum Küssen sind sie da …, flimmerte ein Flashbanner über den Monitor.

Okay, das trällerte meine Mutter auch manchmal vor sich hin, aber wo bitte ging es denn zur Sache?

»Hier!«, sagte Mona und las vor. *»Wissenschaftler haben herausgefunden, dass die Form der Lippen einiges über den Charakter des Menschen aussagt – und darüber, mit welchem Partner man glücklich wird.«*

»Mega!«, staunte ich und suchte nach einem Hinweis, wie der Test funktionierte. Aha, da stand es ja.

Drücken Sie mit geschminkten Lippen einen Kuss auf ein weißes Blatt Papier. Vergleichen Sie anschließend die Lippenformen auf dieser Seite mit Ihrem Abdruck.

Klicken Sie auf die Form, die ihrem Lippenabdruck am ähnlichsten ist, und schon können Sie lesen, was für ein Kusstyp Sie sind.

»Ist ja gut und schön«, sagte ich und konnte meine

Enttäuschung kaum verbergen. »Eigentlich wollte ich aber wissen, was Meik für ein Kusstyp ist!« Und Dave, aber das behielt ich besser für mich.

Ich starrte auf die verschiedenen vorgestellten Lippenformen: *Volle, breite Lippen ... volle, kleine Lippen ... große Oberlippe ... große Unterlippe ... schmal und breit ...*

Ein scheinbar unüberwindliches Problem tat sich für mich auf.

»Und wie, meinst du, soll ich so einen Kuss-Abdruck von Meik auf Papier kriegen? Glaubst du, der schminkt sich dafür die Lippen? Da kennste Meik aber schlecht!«

Außerdem kam ich zurzeit ja auch überhaupt nicht an ihn ran.

Mona kicherte. »Stimmt«, sagte sie, »das wäre mit Basti auch schwierig. Musst ihn halt überlisten.«

»Und wie? Soll ich ihm hinter einer Häuserecke auflauern und ihn k.o. schlagen deswegen?«

Mona kicherte wieder. »Wäre ja schon mal eine Idee.«

Leider stolperten in dem Moment Fabian und seine Gorillas in den Raum und machten gleich ein paar anzügliche Bemerkungen über Frauen und Technik.

»Ich drucke es schnell aus«, raunte mir Mona zu und schloss dann die Anwendung, ehe die Kerls sehen konnten, was wir auf dem Schirm hatten.

Sie drückte mir einen Ausdruck in die Hand.

»Vielleicht fällt dir ja in Englisch was dazu ein«, meinte sie optimistisch.

Aber mir war schon eine andere Idee gekommen: Das war ein Thema für die Pepper Dollies.

Ich hatte mich nicht verschätzt. Kaum hatte ich meinen Freundinnen beim Caffè latte nach der Schule den Test gezeigt, waren sie Feuer und Flamme und wollten ihn natürlich sofort auch bei ihren Typen anwenden.

Aber Lea und Franzi sahen ebenfalls gleich das Problem: Kein Junge in der Pubertät schminkte sich freiwillig die Lippen, auch nicht für die Freundin. Die hatten viel zu viel Schiss, für schwul gehalten zu werden.

Wir beschlossen, die Sache noch einmal jede für sich zu überdenken und erst dann – wenn überhaupt – zur Tat zu schreiten. Mona war nämlich manchmal ein bisschen sehr spontan und ihre Einfälle waren darum mit Vorsicht zu genießen.

Auf dem Heimweg vom Bus kam mir dann eine geniale Idee. Ich würde das Ganze erst mal testen. Ein geeignetes Testobjekt hatte sich heute Morgen ja schon selbst empfohlen. Knaben, die sich Make-up von Estée Lauder ins Gesicht schmierten, hatten kein Recht, sich einem Kuss-Test zu verweigern.

»Nein, nein, nein! Das mache ich nicht! Ich bin doch nicht schwul!«, protestierte der Keks sofort, als ich mit Mams Lippenstiftsammlung und einem Stapel Druckerpapier in seinem Zimmer auflief.

»Du bist es mir schuldig!«, mimte ich Richterin Gnadenlos. »Das ist die Strafe dafür, dass du dich an meinem Make-up vergriffen hast. Deck deine Pickel in Zukunft gefälligst mit was Billigerem ab!«

»Und wenn ich dir einen Kuss von Meik besorge?«, fragte er listig.

Ich horchte auf. »Wie willste das denn anstellen?«

Er zuckte die Schultern. »Keine Ahnung, aber es wird mir schon was einfallen.«

Und es fiel ihm was ein.

Ich schlug mir mit der flachen Hand gegen die Stirn. Da hätte ich ja auch wirklich selbst drauf kommen können! Na klar, die Besinnungstage! Das war doch die Gelegenheit!

Am Wochenende waren unsere jährlichen sogenannten Besinnungstage. Sie sollten dazu dienen, sich mit dem Sinn des Lebens und/oder aktuellen Zeitfragen auseinanderzusetzen, und alle Lehrer und Schüler blieben dazu zwei komplette Tage in der Schule. Und um neben dem Erkenntniszuwachs auch noch das Gemeinschaftsgefühl zu fördern, wurde sogar in den Klassenräumen geschlafen.

Ich rief sofort Franzi an. »Und wenn die Jungs schlafen, dann schleichen wir uns zu denen rein und schwups haben wir den Lippenabdruck.«

»Groovy«, frohlockte sie. »Das wird eine coole Aktion!«

Ganz so schwups verlief die Aktion dann allerdings nicht.

Aber der Reihe nach.

Lippenbekenntnisse

Beziehungspause! Das Wort ließ mich nicht los. Was genau war damit gemeint?

»Mam? Was würdest du unter einer Beziehungspause verstehen?«, fragte ich Freitagnachmittag, als wir mal wieder eines unserer Teeschwätzchen hielten.

»Na, was das Wort sagt – 'ne Pause in einer Beziehung.«

Haha, sehr witzig und sooo hilfreich!

»Nee, sag mal im Ernst.«

Sie sah mich forschend an. »Du und Meik?«

Ich nickte zögerlich. Vor ihr ließ sich rein gar nichts verbergen.

»Ist man bei so was noch zusammen oder ist man auseinander?«

Mam grinste. »Was wäre dir denn lieber?«

Ich zuckte die Schultern. »Keine Ahnung. Ich bin mir einfach überhaupt nicht mehr sicher, ob Meik der Richtige ist. Wie der mich im Bioraum angeschrien hat, nur wegen seiner dusseligen Regenwürmer, da habe ich mir geschworen, nie wieder ein Wort mit ihm zu sprechen!«

Mam legte mir die Hand aufs Knie. »Dann nimm dir doch auch eine Auszeit, gefühlsmäßig, meine ich. Fühl dich frei und überprüfe mal ganz rational, was du eigentlich von einer Beziehung mit ihm hast. Vergib meinetwegen Punkte. Zum Beispiel für alles Positive Sterne und für alles Negative Warndreiecke. So was hilft uns in der Agentur bei Entscheidungsfindungen sehr. Ist eine erprobte Methode.«

Fühl dich frei, überprüfe rational, vergib Sterne und Warndreiecke …

Grübelnd ging ich in mein Zimmer rüber, um meine Sachen für die Besinnungstage zu packen. Dabei fiel mir die Bernsteinkette von der verregneten Sommerradtour in die Hände. Ich legte sie mir um und sah in den Spiegel über meiner Kommode. Meine Bernsteinsonne! Das waren satte fünf Sterne für Meik!

Am Abend fuhr Mam mich und den Keks mit Schlafsack und kleinem Übernachtungsgepäck in die Schule. Sie blieb auch noch zum Gottesdienst, mit dem traditionell die Tage der Besinnung an unserer Schule eröffnet wurden. Danach verteilten sich alle Schüler auf klassenübergreifende AGs, wo sie sich während der zwei Tage gemeinschaftlich besannen. Gegessen wurde zusammen in der Schulmensa und geschlafen in den jeweiligen Klassenräumen.

Schade, unser Vorhaben wäre um einiges einfacher gewesen, wenn Basti, Torsten und Meik in unserem Raum geschlafen hätten. Egal, wir würden das Kind schon schaukeln.

Erst mal hatte es uns, die Pepper Dollies und Mona,

zu Birkenstock verschlagen, der für die achten und neunten Klassen das Thema »*Liebe oder Sex? – Was bedeuten Fernsehvorbilder für die Partnerschaft?*« anbot.

Klar, dass die AG der Renner war, und so tummelten sich dort natürlich neben uns und unseren Jungs auch Fabian und seine Gorillas. Allein schon das Wort Sex ließ denen doch den Speichel aus den Mundwinkeln sabbern. Was allerdings die Schleimschnecken hierher verschlagen hatte, vermochte ich nicht nachzuvollziehen. Die hatten doch weder mit Liebe noch mit Sex was am Hut. Vielleicht waren die gar nicht so verklemmt, wie sie taten?

Zunächst teilte Birkenstock einen Stapel Fernsehzeitschriften aus und beauftragte uns alles auszuschneiden, was mit dem Thema zu tun hatte. Mit diesem Material sollten wir dann eine Wandzeitung gestalten. Sehr clever. Da konnte er sich, während wir schnibbelten und klebten, einen gemütlichen Abend mit seinen Lehrerkollegen machen, die ihre Schüler ebenfalls mit Beschäftigungstherapie ruhig gestellt hatten.

Wenigstens gab es vorher Abendessen. Als wir zum Speisesaal gingen, wo ein großes Naturkost-Büfett aufgebaut worden war, noppte sich überraschend Meik an mich ran. Was wollte der denn? Pause von der Beziehungspause? Hatte er seine Regenwürmer schon ins Bettchen gebracht?

»Ziemlich interessantes Thema«, sagte er. »Findest du nicht auch?«

»Geht so«, erwiderte ich einsilbig, weil ich ja nicht wusste, worauf er hinauswollte.

»Ziemlich mutig von Birkenstock.«

»Ach ja? Wieso?«

»Na ja, mit Typen wie den Gorillas so eine AG zu machen …«

»Du tust es ja auch!«

Wir lachten und dabei fand ich ihn mal wieder echt süß.

»Für die lässt sich die Frage doch sofort beantworten«, meinte Meik und füllte sich Salat auf den Teller.

»Stimmt«, gab ich ihm recht. »Die sind voll mit ihren unkontrollierten Trieben beschäftigt. Von Liebe haben die nicht den Schatten einer Ahnung.« Du aber irgendwie auch nicht, dachte ich dabei.

»Aber du bist ja wohl Expertin in Liebe!«, pampte mich Daphne zickig von der Seite an.

Sie hatte ihren Teller mit Partytomaten vollgepackt und wollte ihn grade an mir vorbeibalancieren.

Ich deutete darauf. »Denke schon«, sagte ich und grinste Meik dabei anzüglich an. »Jedenfalls muss ich mir nicht den Teller voller Liebesäpfel laden, um sie süß auf der Zunge zu spüren.«

Daphne wurde rot wie die Tomaten auf ihrem Teller und machte einen flotten Abgang.

Nicht schnell genug, denn Fabian, diese Dumpfbacke, hatte mal wieder alles mitbekommen und rief hinter ihr her: »Nimm noch ein paar Zwiebeln mit, das steigert das Lustgefühl!« Er lachte frech. »Beim Verdauen, meine ich!«

Ich setzte mich mit den Pepper Dollies und Mona an einen Mädchentisch und Meik hockte sich zu seinen Kumpels aus der Neunten. Franzi hatte natürlich das Intermezzo am Büfett mitgekriegt. »Also, nach Schlussmachen sah das aber eben nicht aus«, flüsterte sie mir zu. »Hat er sich für seinen Ausfall im Bioraum entschuldigt?«

Ich schüttelte den Kopf. Stimmt, eigentlich unverschämt, einfach so zu tun, als wäre nichts gewesen, dachte ich.

Das gab ganz klar ein Warndreieck.

Sorry seems to be the hardest word ...

Frustriert stürzte ich mich auf ein Stück Käsetasche, als Mona sagte: »Also, die Sache ist doch völlig klar. Mädchen stehen auf Liebe und Jungen auf Sex. Das sind schlicht und einfach die Hormone!«

»Ehrlig?« Greetje kriegte Kulleraugen angesichts der Weisheit, die Mona verbreitete. »Habe wir keine Hormone?«

»Doch, aber sie wirken anders. Frauen bauen Nester und denken an Familie und so und Jungen nur an den Abbau ihres Triebstaus.«

Holla! Sprach sie etwa aus Erfahrung? War die ganze Knutscherei zwischen ihr und Basti, die ich für verliebte Zärtlichkeit gehalten hatte, vielleicht nur Triebabbau? Wie enttäuschend.

Ich sah sie frustriert an.

Aber sie hatte offenbar an eine ganz andere Kategorie von Jungen gedacht. »Das beste Beispiel dafür ist Fabian!«, dozierte sie gerade. »Und seine Gorillas. Die rennen doch wirklich wie brünftige Primaten hinter jedem weiblichen Wesen her. Total triebgesteuert und gänzlich neben der Spur. Die wissen doch gar nicht mehr, was sie tun!«

Zustimmendes Gekicher.

Ich musste an eine reichlich unerquickliche nächtliche Szene denken, als Fabian es fast fertig gebracht hätte, über mich herzufallen und mir einen Kuss zu rauben. Nur die Androhung, dass Meik sich fürchterlicher rächen könnte, hatte ihn schließlich davon abgehalten. War ja eigentlich ein Stern für Meik, wenn selbst Fabian so viel Respekt vor ihm hatte.

»Aber gehören Liebe und Sex nicht auch irgendwie zusammen?«, fragte Lea und warf einen voll verliebten Blick zu Torsten rüber, der sich am Jungentisch gerade eine Gabel Grünzeug in den Mund schob. Er schickte, nachdem er den Bissen runtergeschlungen hatte, postwendend einen Fernschmatzer zurück.

Mir fielen prompt meine frühlingstrunkenen Eltern ein, die neuerdings besonders häufig und zu ungewöhnlichen Zeiten im Elternschlafzimmer verschwanden. Das machten sie sicherlich nicht zu Reproduktionszwecken, denn ein drittes Kind, hatte Mam erklärt, wollte sie sich nicht mehr antun! Sehr freundlich. Wo mein Bruder und ich doch so gut geraten waren!

»Hm.« Mona kam ins Grübeln. »Also, für Erwachsene ist Sex und Liebe sicher kein Problem …«

»Und wir?«, drängte nun Lea auf eine klare Antwort. »Was machen wir? Wie können wir die große Liebe finden, ohne gleich Sex zu machen?«

Himmel, war die heute aber direkt! Bei der schien's ja echt zu pressieren. Die musste wohl total in ihren Torsten verknallt sein.

»Es muss doch was dazwischen geben …«, meinte Greetje-immer-noch-Single nachdenklich.

»Zärtlichkeit«, sagte Franzi prompt und im Brustton

der Überzeugung. »Das Wichtigste in einer Beziehung ist Schmusen. Also, mein Raffi …«

Ich sprang wie von der Tarantel gestochen vom Tisch auf und schleppte mein Tablett zum Abräumwagen. Franzis Raffi-Schwärmerei musste ich mir nicht zum hundertsten Mal antun. Aber recht hatte sie irgendwie. Zur Liebe gehörte zuallererst mal Zärtlichkeit.

Ich schielte zu Meik rüber, der mit Bastian in eine heiße Diskussion verwickelt war. Ob es da auch um das Paarungsverhalten pubertierender Großstädter ging oder nur um das geschlechtsreifer Regenwürmer?

Ich seufzte und zog den einzig möglichen, aber ziemlich deprimierenden Schluss aus dem eben Gehörten: Viel Liebe – viel Zärtlichkeit. Keine Zärtlichkeit – keine Liebe!

Und wie die Sachlage nun einmal war, musste ich der Tatsache ins Auge sehen, dass Meik zurzeit jedenfalls mehr in seine Regenwürmer verknallt war als in mich, und darum zog ich ihm erst mal wieder ein paar Sterne ab und ersetzte sie durch ein großes Warndreieck.

Als wir später die Wandzeitung zusammenklebten, kam Franzi noch mal auf das Thema zurück. »Die Typen sind schon ein wenig seltsam gepolt, doch meistens meinen sie es gar nicht so. Die wollen zwar, können aber nicht, und wenn sie könnten, dann dürfen sie nicht. Also trauen sie sich einfach gar nix mehr – nur um nichts falsch zu machen. Glaubt ihr vielleicht, die fühlen sich selber wohl dabei?!«

»Kaum«, sagte Greetje und kam aus dem Staunen nicht mehr raus.

Aber auch ich geriet ins Grübeln. Hatte ich Meik vielleicht irgendwann mal, ohne es zu wollen, vor den Kopf gestoßen? Eine zärtliche Anwandlung von ihm nicht erwidert? Aber nein, schüttelte ich den Kopf, ich hatte mich auf jede Umarmung, jeden Kuss gefreut! Nein, es war ganz allein seine Schuld, wenn es mit uns jetzt so schieflief!

»Also Raffi …«

NEIN!!!! Nicht schon wieder! Ich spitzte zu Meik rüber, der mit Basti und Torsten Sendungstitel aufschrieb. Vielleicht war er ja auch gar nicht der coole Typ, für den ich ihn manchmal hielt. Vielleicht verbarg sich hinter seinen lockeren Sprüchen und witzigen Bemerkungen ein verklemmtes, emotional unsicheres Sensibelchen. Ob ich ihn durch meinen Hunger nach Zärtlichkeit überfordert hatte? Hm, da wäre es wirklich gut zu wissen, was für ein Kusstyp der Junge war.

»Wollen wir das wirklich machen?«, rutschte mir auch schon die Frage in dem Zusammenhang heraus.

»Was?«

»Na, die Kusstest-Aktion.«

»Klar.« Mona strahlte noch immer die gleiche Begeisterung aus. »Ist doch eine total witzige Aktion.«

»Und glaubst du, wir haben davon wirklich irgendeinen Erkenntnisgewinn?«

»Aber holla! Bestimmt mehr als von Birkenstocks Wandzeitung!«

Wir brachen in lautes Gelächter aus und die Schleimschnecken kriegten Stielaugen.

»Psst, etwas leiser«, warnte ich mit einer Kopfbewegung zu Gracia.

Sofort dämpfte Mona die Stimme. »Ich finde das sooo krass«, flüsterte sie. »Am besten nehmen wir Abdrücke von allen Jungs. Dann können wir eine Küsser-Kartei anlegen, auf die dann bei Bedarf jederzeit zurückgegriffen werden kann.«

»Hört sich an wie der Grundstein zu einer genialen Geschäftsidee …«, meinte ich grinsend. »Vielleicht lässt sich damit eine Partnervermittlung aufziehen.« Und mit einem Blick zu den Schleimschnecken fügte ich hinzu: »Bedarf wäre ja da.«

Wir kicherten.

»*Draufgängerischer Küsser sucht abenteuerlustige Küsserin* oder *Volle Unterlippe sucht schmale Oberlippe!*«

Gewieher.

In dem Moment betrat Birkenstock den AG-Raum.

»Freut mich, dass euch die Arbeit so viel Spaß macht«, sagte er arglos und trat an die Wandzeitung, um den Fortgang unserer Bemühungen zu kontrollieren.

Aus der Ecke, wo Fabian mit seinen Mannen Programmzeitschriften schredderte, erklang Gejohle.

Ob Birkenstock wirklich wusste, was er mit seinem AG-Thema bei denen anrichtete? Der hatte doch echt schlafende Affen geweckt.

»He, Mona!«, brüllte denn auch Fabian durch den ganzen Raum. »Bist du das hier auf dem Foto oder ist das deine Doppelgängerin?« Dabei hielt er ein ganzseitiges Foto einer busenfreien Bikinischönheit hoch.

Ich merkte, wie mir wieder diese unsägliche Hitze in die Wangen stieg und ein Gefühl von Scham und Zorn gleichzeitig von mir Besitz ergriff.

Aber Mona lachte nur und rief cool zu den Typen rüber: »Wenn's ein Foto von der letzten Miss-World-Wahl ist, dann bin ich es!«

Wo hatte das Mädchen nur diese Schlagfertigkeit und dieses Selbstbewusstsein her? Ich musste mir da wirklich mal eine Scheibe von abschneiden. Am besten gleich zwei oder drei!

Die Nacht brach herein. Die AGs hatten ihre Arbeit beendet, Betten wurden in den Klassenzimmern gebaut und die Schulleitung verkündete in einer Durchsage Nachtruhe. Nur hielt sich niemand dran. Meine Güte, wann schliefen diese Quasselstrippen denn endlich mal ein? Es war bereits weit nach Mitternacht, als Wölfchen ein Machtwort sprach und die letzten Gorillas in ihre Schlafsäcke abtauchten. Sackgesichter! Trotzdem dauerte es mindestens noch zwei Stunden, bis das Flüstern, Kichern und Grunzen endlich leiser wurde und schließlich ganz verstummte. Nur noch die unterschiedlichsten Schnarchgeräusche waren zu hören.

Ich war auch schon weggedöst, als Mona mich an der Schulter rüttelte. Ich sah auf meine Uhr. Halb drei! Das gab es ja nicht! Ich gähnte und wollte mich auf die andere Seite drehen, aber Mona war von unerbittlichem Tatendrang.

»Los, Kiki, hoch jetzt«, flüsterte sie. »Kuss-Aktion!«

»Meinst du, wir können das wirklich riskieren?«, fragte ich schläfrig und keineswegs tatendurstig.

»Klar, die pennen doch alle wie die Murmeltiere.«

Ach, das hätte ich jetzt eigentlich auch gerne getan. Aber na ja, beschlossen war beschlossen und in den

Schlafsäcken der übrigen Pepper Dollies rührte sich auch schon was.

»Hast du die Lippenstifte?«, fragte Franzi.

In ihrem weißen Nachthemd und mit ihren großen Kulleraugen sah sie aus wie eine Schneeeule. Uhu, Uhu …

Ich griff nach dem Kosmetikbeutel. »Ja, alles da. Habt ihr Papier?«

Greetje hielt mir eine Rolle Klopapier unter die Nase.

»WAS?« Ich schlug die Hand vor den Mund, um meinen unkontrollierten Aufschrei zu ersticken.

Zu spät.

Aus Wölfchens Richtung kam ein lautes Schnurpsen, dann setzte sein regelmäßiges Schnarchen aus.

Oh Gott, wenn der jetzt aufwachte!

Tat er aber nicht. Nach wenigen Minuten, die uns wie eine Ewigkeit vorkamen und in denen wir wie die Salzsäulen steif und starr in der Dunkelheit gehockt hatten, setzte er seine Sägeaktion fort. Wenn der so weitermachte, hatte er bis morgen früh eine mittlere Schonung abgeholzt.

»Du willst Klopapier für die Kussabdrücke verwenden?!«, nahm ich den abgerissenen Gesprächsfaden wieder auf. Das fand ich ja nun nicht ganz passend.

»Klar, ist auch Charming, extra weiß!«

»Warum auch nicht«, wisperte Franzi. »Das ist prima saugfähig. Das geht bestimmt gut.«

»Ich hab's getestet«, erklärte Greetje. »Es is' wirkelig die Beste für das.«

Na dann. Wir schlichen uns fort und pirschten durch das dunkle Schulgebäude zum Flur der neunten Klassen. Wenigstens beschien der Vollmond unsere Geheimaktion und spendete etwas Licht.

Mona legte ihr Ohr an die Klassenraumtür. »Alles ruhig«, sagte sie leise und legte die Hand auf die Klinke. »Soll ich?«

»Klar«, wisperte es mehrstimmig zurück und husch waren wir drin.

Als wir über die ersten Schlafsäcke stiegen, um zu unseren Jungs zu kommen, die alle drei nebeneinander an der Fensterseite ihr Lager gebaut hatten, beschlichen mich Zweifel. Es sah so aus, als ob die hier oben viel unruhiger schliefen als bei uns.

»Und wenn einer aufwacht?«, fragte ich flüsternd. »Die scheinen gar nicht richtig tief zu schlummern.«

»Lass mal testen«, gab Mona zurück und stieß dem vor ihr liegenden Jungen mit dem Fuß in die Seite. Brutales Mädchen!

Aber nichts rührte sich.

»Neben denen könnte ein Knallfrosch hochgehen und die würden nichts merken«, sagte Mona zufrieden.

Ich stieg über den nächsten Schlafsack, da fiel Greetje die Klorolle aus der Hand und wickelte sich meterlang ab. Mist. Ich hatte doch gleich gewusst, dass Klopapier für so eine hochsensible Mission eine Fehlentscheidung war. Wir warteten, bis Greetje alles wieder sorgfältig aufgewickelt hatte. Dann verteilte ich die Lippenstifte.

»Ihr steht Schmiere«, befahl Mona Greetje und Franzi. »Gebt Zeichen, wenn sich jemand bewegt.«

Dann begannen Mona und Lea ihren schlafenden Freunden den Mund mit Lippenstift zu beschmieren. Ich machte das Gleiche mit Meik. Hoffentlich wachte er nicht auf und biss mir vor Schreck in die Hand. Ich nahm ein Stück vom Klopapier und drücke es ihm sehr vorsichtig auf den Mund. Er röchelte leicht und damit er nicht erstickte, zog ich es schnell wieder ab. Das Mondlicht schien genau auf sein Gesicht. Und wie ich ihn da so friedlich schlummernd liegen sah, stolperte mein Herz plötzlich ganz kräftig. Ehe ich wusste, was mit mir geschah, hatte ich mich über ihn gebeugt und ganz zart meine Lippen auf seine gedrückt.

Und dann passierte es. Schlaftrunken erwiderte er meinen Kuss. Einen Moment ließ ich mich fallen und genoss die vertraute Zärtlichkeit zwischen uns. Er hatte nichts verlernt und küsste sogar im Schlaf noch toll! Ich war bereit, dafür fünf Sterne zu vergeben, als mich Panik befiel, denn im Schlafsack neben mir grunzte jemand erst ganz fürchterlich und setzte sich dann ruckartig auf. Ich riss mich von Meik los, der einen unwilligen Seufzer tat, und duckte mich, so tief es ging, neben seinem Schlafsack auf den Boden. Auch meine Freundinnen warfen sich platt zwischen die Lagerstätten der Schlafenden.

Keine Sekunde zu früh. Der Typ neben mir rieb sich die Augen und kroch dann aus seinem Schlafsack. Noch benebelt taperte er zur Tür.

Als er im Flur verschwunden war, flüsterte Mona: »Muss der grade jetzt pinkeln gehen?«

Ich erhob mich vorsichtig vom Boden und kroch geduckt und mit zitternden Knien zum Ausgang. Meik röchelte und schmiss sich dann mit einer heftigen Bewegung im Schlafsack herum. Himmel. Nichts wie weg hier, bevor der Pinkeltyp abgestrullt hatte und zurückkam. Selbst im Flur wollte ich dem nicht begegnen. Uns allen flatterten die Nerven plötzlich ganz schön.

Als wir dann aber wieder auf unserem Flur waren, konnten wir uns vor Albernheit kaum noch einkriegen.

»Aber damit das klar ist, von Raffi will ich auch noch einen Abdruck«, meldete Franzi flüsternd an.

»Klar«, versicherte ihr Mona. »Und mich interessiert schon lange, was bei Fabian eigentlich hinter seinem Machogehabe steckt. Vielleicht verrät es sein Lippenabdruck!«

»Meint ihr, wir könnten auch von den Schleimschnecken Abdrücke nehmen?«, kam mir ein etwas abartiger Gedanke.

Aber Mona fand ihn genial. »Was die Tussen für Kusstypen sind, würde ich auch gerne wissen.«

Gesagt – getan. In größter Heimlichkeit gingen wir zu Werke. Raffi, Fabian, den Gorillas und den Schleimschnecken wurden vorsichtig die Münder geschminkt und – schwups – hatten wir ihre Lippenabdrücke abgezockt.

Im Gegensatz zu den Leuten aus der Neunten waren die bei uns echt in Tiefschlaf versunken. Nur Wölfchen schien mit der Holzqualität nicht ganz zufrieden zu sein und sägte entsprechend unruhig weiter.

»Und wohin jetzt damit? Bis wir die Kussmünder auswerten können, müssen wir sie gut verstecken.« Da hatte Lea recht.

»Ich bringe sie in mein Schließfach«, schlug ich vor, sammelte alle mit Namen versehenen Klopapierblättchen ein und verließ, vorsichtig über meine schlafenden Mitschüler steigend, noch mal die Klasse, um unsere kostbare Beute im Schließfach sicher zu verbergen. Den Kosmetikbeutel mit den Lippenstiften legte ich dazu. Als wir in unsere Schlafsäcke krochen, waren alle Spuren unserer Tat beseitigt.

Alle Spuren?

Nein! Nicht alle Spuren.

Zwar war ein Teil der Farbe durch das Klopapier von unseren Opfern wieder abgetupft worden, aber da es sich bei Mams Lippenstiften offenbar weitgehend um kussechte Sorten handelte, war noch ziemlich viel Rot auf den jeweiligen Lippen haften geblieben.

Oh Schreck!

Als uns am Morgen erst die Sonne und dann Wölfchens Alarmclock weckte und ein Kopf nach dem anderen aus den Schlafsäcken auftauchte, waren die Spuren unserer nächtlichen Aktion nicht zu übersehen. Himmel, die werden uns lynchen, dachte ich bibbernd.

Doch Mona, diese Irre, lachte sofort, nachdem Wölfchen den Raum verlassen hatte, lauthals los. »Die Schleimschnecken haben die Gorillas geknutscht!«, brüllte sie.

Natürlich fragte sich jeder, was denn in der Nacht wohl über die Schleimschnecken gekommen war, dass sie sich heimlich auf die Gorillas gestürzt hatten.

»Der Vollmond«, sagte ich trocken. »Der soll ja bei entsprechend veranlagten Menschen gelegentlich seltsame Wirkungen hervorrufen.«

Gracia sah mich zornig an. »Was soll diese Unterstellung! Ich bin doch nicht mondsüchtig!«

»Dann vielleicht ein Vampir?«

Alles Leugnen half nichts, jeder glaubte nun, dass die

Schleimschnecken heimlich in die Gorillas verknallt waren, und wir hatten einen Riesenspaß.

Blieb nur die peinliche Frage, wieso auch Raffi jede Menge Lippenstift am Mund hatte. Wir wussten die Antwort ja, hatten aber strengstes Stillschweigen gelobt. So kriegte der arme Kerl voll das schlechte Gewissen.

»Ich … ich war das nicht«, stotterte er, »ich weiß auch nicht, was die heute Nacht mit mir gemacht haben.« Und zu Franzi sagte er total verlegen: »Ich … ich liebe doch nur dich …«

So rot waren seine Ohren noch nie!

»Krasse Aktion!«, sagte Mona und betrachtete zufrieden die vor uns ausgebreiteten unfreiwilligen *Lippenbekenntnisse*.

Das konnte man wohl sagen: Krass! Ich bekam jetzt noch einen Lachkrampf, wenn ich an das große Rätselraten im Speisesaal dachte. Zwischen Marmelade und Brötchen wurden die wildesten Theorien diskutiert. Natürlich herrschte auch in der Neunten von Meik, Torsten und Bastian totale Aufregung und jeder spekulierte, welche geheimnisvollen Küsser sich bei ihnen nachts eingeschlichen hatten. Dass der Verdacht hier natürlich auf uns fiel, lag nahe, denn schließlich hatte es nur unsere Freunde oder Quasi-Freunde erwischt. Es fehlte halt an Beweisen und die Schleimschnecken waren bei uns eindeutig überführt.

»Aber zu uns zu kommen, dazu fehlt es denen doch an Mut«, meinte Bastian zu Mona und schaute sie dabei sehr forschend an.

Und auch Torsten murmelte: »So was ist doch nicht die Handschrift von denen, da wüsste ich andere Mädchen …«

Meik leckte sich genüsslich über die Lippen und sagte: »Ich hatte einen außerordentlich lebhaften Traum …« Dabei sah er mich so frech an wie schon lange nicht mehr.

Mona und ich machten, dass wir wegkamen, denn sonst hätte uns sicherlich unser prustendes Gelächter sofort verraten.

Nun saßen wir kichernd bei mir, um unsere Trophäen zu sichten und eine Auswertung vorzunehmen. Vanilletee dampfte in den Bechern und die Stimmung war einfach mega. Wieder einmal war ich total glücklich darüber, solche super Freundinnen zu haben.

Ich dachte noch einmal an Meiks überraschenden Kuss, der so gar nicht nach Beziehungspause geschmeckt hatte, und notierte in meinem Kopf fünf Sterne plus dafür.

Und im Überschwang meiner Glücksgefühle bot ich an, Mona nun doch endlich bei den Pepper Dollies aufzunehmen. Alle stimmten natürlich gleich zu, und als wir Mona mit unseren Teetassen zuprosteten, war es für einen Rückzieher zu spät.

Wie blöde war ich denn eigentlich? Nun war sie doch auch automatisch Mitglied in Daves Dollie-Fanclub. Merde! Wenn ich mir da mal nicht schärfste Konkurrenz ins Haus geholt hatte. Ich war einfach zu gutmütig und … zu spontan!

Die Auswertung der Lippenabdrücke stellte mich nicht wirklich zufrieden.

Mona schien mit Bastian voll den Glückstreffer gelandet zu haben, denn sein Profil passte absolut zu Monas Charakter. Sie war Typ Abenteuerin und er der Leidenschaftliche. Beide liebten Freiheit und Unabhängigkeit und brachten angeblich starke selbstbewusste Impulse in die Beziehung ein. Mona wurde als unbelehrbar optimistisch, unternehmungslustig und spontan charakterisiert. Bastian als jemand, der auch in der Liebe die Dinge gerne selbst in die Hand nahm, um das Leben in vollen Zügen zu genießen.

Na prächtig. Die Analyse hätte ich auch so liefern können, dafür wäre die nächtliche Aktion wirklich nicht nötig gewesen.

Auch Franzi und Raffi schienen sich prima zu ergänzen und – man höre und staune – sogar Fabian und Gracia!

»Das Traumpaar der Zukunft! Ich denke, da gibt es für uns eine schöne Aufgabe«, sagte Lea.

»Willst du sie verkuppeln?«, fragte ich skeptisch.

Mona grinste. »Warum nicht, es wäre einen Versuch wert!«

Auch Lea konnte mit ihrem Torsten ganz zufrieden sein.

Nur ich, ich hatte wohl mal wieder die Arschkarte gezogen!

Dass ich ein romantischer Gefühlsmensch sein sollte, der sich nicht so leicht unterordnete, aber alle Höhen und Tiefen des Lebens intensiv durchlebte, das überraschte mich ja nicht allzu sehr. Damit hatte ich inzwischen auch umzugehen gelernt. Aber warum musste ich mich ausgerechnet in einen Typ verlieben, der überwiegend vom Kopf gesteuert wurde? Der auch in Herzensangelegenheiten nicht so schnell seinen Verstand ausschaltete? Und dem erst ein Elefant vor die Füße fallen musste, damit er seine Gefühle rausließ? Das war nicht fair.

Himmel! Ich war völlig verwirrt. Einerseits war dieser ganze Kusstest doch nur ein Spiel, aber andererseits schien so viel davon zuzutreffen.

»Sehr passend«, fand auch Greetje, als ich ihr das Ergebnis für Meik und mich erzählte. »Er is' ein weniglich unspontan.«

»Wie schrecklich«, stöhnte ich. »Warum muss das ausgerechnet mir passieren? Soll ich mich von ihm trennen?«

Greetje schüttelte entsetzt den Kopf. »Mach keine Unsinn!«

Dann nahm Lea den Testbogen, las ihn durch und sagte: »Ich finde auch nicht, dass du es mit Meik schlecht getroffen hast. Ein Junge, der seine Beziehung vor allem auf Vertrauen gründet und auf Dauer anlegt und nicht zu hemmungslosen Gefühlsausbrüchen neigt, ist doch echt in Ordnung. Ich würde mir ein paar verlässliche Züge bei meinem Torsten wünschen.«

Hm, Ordnung war der richtige Ausdruck. Leben und Liebe mussten bei diesem Typ in geregelten Bahnen verlaufen.

Ich stöhnte leise auf. Was stand doch noch bei mir: Braucht einen ebenso romantischen Typ. Romantik! Das konnte ich mir bei Meik wohl von der Backe putzen. Jedenfalls sofern es um mehr ging als Maiglöckchensträuße. Rote Rosen zum Beispiel und große Gefühle! In meinem Kopf leuchteten jede Menge Warndreiecke auf.

»Vielleicht wird er mal eine große Wissenschaftler!«, versuchte Greetje mich zu trösten.

»Ja«, sagte ich und nickte. »Dann macht er 'ne Regenwurmfabrik auf und stellt Angelköder her!«

War es so verwunderlich, dass ich in dieser Nacht, als ich im Traum Wolke Nummer sieben bestieg, nicht Meik, sondern Dave dort antraf?

Nach diesem niederschmetternden Ergebnis des Kusstests verdoppelte ich sofort meine Anstrengungen für Daves Fanclub und Mona und die übrigen Pepper Dollies waren ein megakreatives Team. Mit Gerds Hilfe war bald die Fanpage installiert und das schöne Layout, das Greetje designt hatte, war ein echter Knaller.

Wir trafen uns jeden Tag, scannten süße Fotos ein und schrieben Daves Lebenslauf, wobei ich mal wieder mit Wohlbehagen feststellte, dass Dave erst achtzehn Jahre alt war. Gar nicht so viel älter also als ich. Sein Sternbild war Schütze und damit war er ein kreativer, kommunikativer, sensibler und großzügiger Mensch und passte im Übrigen prima zu meinem Sternbild.

War es da ein Wunder, dass ich mich immer mal wieder an seine Seite träumte? Hach, was würden wir für ein himmlisches Paar abgeben!, dachte ich.

Du übertreibst, maulte mein Coach, *der hat ja auch grade auf dich gewartet!*

Spaßbremse!

Und dann kam mir diese geniale Idee mit der Homestory.

Als ich Mam von dem Einfall erzählte, so etwas auf Video aufzunehmen und auf der Fanpage ins Netz zu stellen, machte sie auf ihre praktische Art gleich wieder Nägel mit Köpfen und fragte, ob ich in der nächsten Woche mit nach Potsdam fahren wollte. Sie musste in den Babelsberger Studios einen Produzenten treffen, der einen Werbespot für ihre Agentur produzierte. Bei der Gelegenheit könnte ich Dave doch gleich in seinem neuen Apartment in der Rembrandtstraße besuchen.

»Das ist in der Berliner Vorstadt«, sagte sie. »Eine feine Gegend. Da wohnen Joop und Jauch.«

»Oh, mega!«, freute ich mich schon.

Als ich es am nächsten Schultag in der kleinen Pause den Pepper Dollies erzählte, waren sie total aus dem Häuschen. Natürlich wollten alle mitfahren, aber das ging aus Platzmangel in Mams Beetle nicht.

Franzi ließ sich jedoch nicht so leicht abwimmeln.

»Mich als deine beste Freundin wirst du doch wohl mitnehmen«, meinte sie, als wir nach der Schule gemeinsam mit dem Bus nach Hause fuhren.

Würde ich? Hm? Eigentlich wäre es ja nicht schlecht, ein bisschen weibliche Verstärkung zu haben, dachte ich. Schließlich war Franzi immer meine zuverlässigste Bundesgenossin gewesen, wenn es galt, den Kampf gegen Windmühlenflügel oder andere Unbilden des Schicksals aufzunehmen. Aber da war es meistens um den Abwehrkampf gegen irgendwelche Machos oder Spacken aus unserer Klasse gegangen und nicht um … Ja, um was ging es denn eigentlich?

Eine Homestory. Einen schlichten Videodreh, half mir mein innerer Coach auf die Sprünge.

Ich schüttelte den Kopf, was Franzi wohl als Ablehnung auffasste, denn sie wendete sich mit einem leicht beleidigten Gesichtsausdruck ab und muffelte: »Dann eben nicht.«

Dabei hatte doch mein Kopfschütteln nur meinem Coach gegolten, der mal wieder gar keine Peilung hatte. Homestory, Videodreh! Püh! Klar, das auch, aber das war doch nur das Mittel zum Zweck.

Und? Darf man erfahren, was dann der Zweck ist?

Ich grinste. War der mal wieder schwer von Begriff! Na was wohl?! Ein romantisches Date mit Dave! Nur er und ich in seinem Apartment.

Oho, das ist aber eine höchst pikante Sache! Solltest du da nicht besser doch Franzi als Verstärkung mitnehmen?

Himmel! Jetzt gab er aber mal wieder voll die Gouvernante. War ich ein Baby, das 'ne Kinderfrau brauchte, wenn es einen attraktiven Typ traf?

Ich starrte Franzi an, die mir immer noch den Rücken zukehrte und demonstrativ aus dem Fenster schaute. Klar konnte ich sie mitnehmen, aber wollte ich es? Nee! Ich war die Leiterin des Fanclubs und ich würde mir die Chance, Dave einmal ganz für mich alleine zu haben, nicht aus den Händen glitschen lassen. Wenn Mam keine Bedenken hatte, dass ich Dave alleine traf, dann musste ich mir von meinem inneren Coach schon mal gar keine Anstandsdame aufschwatzen lassen.

»Franzi bleibt hier!«, sagte ich entschlossen und – laut. Uups!

Franzis Kopf fuhr herum und ihr Blick wirkte echt entgeistert.

»Mit wem redest du über mich?«, fragte sie irritiert und mit deutlichem Vorwurf in der Stimme.

»Äh, äh … ich … über dich … reden? Mach ich doch gar nicht. Mit wem auch?« Ich drehte meinen Kopf um nahezu hundertachtzig Grad und schaute demonstrativ im Bus herum. »Ist doch niemand hier, den wir kennen.«

»Aber ich habe es doch ganz deutlich gehört. Du hast meinen Namen gesagt und dass ich hierbleibe.«

Cool, Kiki, ermahnte ich mich. Ganz ruhig. »Und du hast dich nicht vielleicht verhört?«

»Verhört! Jetzt mach aber mal einen Punkt!« Sie schien noch sauerer zu werden als Omas Gurkentöpfchen.

»Glaubst du, ich führe Selbstgespräche?« Ich schaute sie herausfordernd an.

»Das wäre eine Erklärung«, sagte sie. »In deinem momentanen Zustand geistiger Verwirrtheit würde es mich nicht wundern.«

»Ich bin nicht geistig verwirrt!«, pampte ich sie an.

Aber statt mir nun ihrerseits Kontra zu geben, grinste sie nur verschmitzt und sagte in versöhnlichem Tonfall: »Dann bist du halt neu verliebt!«

Und damit hatte sie zweifellos recht.

Seit ich das erste Mal Dave Divine gegenübergestanden oder – ähäm, rot werd – vielmehr zu Füßen gelegen hatte, war es auch um mein seelisches Gleichgewicht geschehen. Liebes Lieschen! Was hatte der Typ doch für eine Ausstrahlung! Diese warmen Augen und dieser zupackende Griff, mit dem er mich zu sich hochgezogen hatte. Und diese widerspenstige Haarsträhne, die ihm immer in die Stirn fiel. Dekorativ und wild zugleich. Oh wow! Was für ein Kerl! Wie der mir über den Rücken gestreichelt hatte … so was von Zärtlichkeit! Das waren ganz klar fünf Sterne! Da konnte sich Meik aber gleich ein Dutzend Scheiben von abschneiden.

Und weil das so war und ich mit Meik ja im Moment wegen seiner Beziehungsauszeit überhaupt nicht rechnen konnte und weil er ja die Gesellschaft von Regenwürmern meiner Gesellschaft eindeutig vorzog, sah ich auch ganz und gar nicht ein, warum ich die Chance nicht nutzen sollte, die mir ein Date mit Dave bot. Nur wir beide und die Videokamera. Hach, würde das erhaben sein, wenn er mir vertrauensvoll aus seinem Leben erzählte und wir uns langsam immer näher- und näherkommen würden …

Franzi, du bist meine beste Freundin, dachte ich, aber es gibt Angelegenheiten, die muss frau nun mal alleine erledigen. Und dies, da war ich mir hundertpro sicher, war so eine Angelegenheit.

Kuschelbären und Notenstress

»Hallo, Kiki. Lange nicht gesehen.«

Ich stand in der halb geöffneten Tür und starrte Meik an. »Was willst du denn hier?«

Ich hatte gerade an den Plänen für die Homestory über Dave gesessen und war ziemlich irritiert, plötzlich Meik in die Augen zu sehen. Schnell wendete ich den Blick ab.

»Ich ... ähm ... wollte zu deinem Vater. Wegen der Veranstaltung.«

»Veranstaltung?«

»Ja, du weißt doch, zur Gesundheitsreform, die Jugendorganisation der Partei hat ihm doch ihre Unterstützung bei der Vorbereitung versprochen.«

Ach, sieh an!

Dafür war also mal wieder Zeit. Politik, Regenwürmer, was sonst nicht noch alles ... Nur für Kiki, da war keine Zeit!

Ich schaute ihn wütend an und schnaubte zornig: »Na dann viel Spaß! Ich habe übrigens auch ein megawichtiges Projekt. Ich arbeite nämlich an einer Promotionkampagne mit, hinter der sich deine dämliche Parteiarbeit für meinen Vater aber so was von verstecken kann! Und weißt du auch für wen?« Ich schaute ihn provozierend an. »Für Dave Divine! Da staunste, was?«

Meik trat unbehaglich von einem Fuß auf den anderen. »Sagst du denn jetzt deinem Vater Bescheid, dass ich hier bin? Oder soll ich wieder gehen?«

Ich bebte innerlich vor Zorn. Wie unverschämt war der denn eigentlich? Ging einfach nicht auf meine Worte ein.

Ich kochte. Immer wieder der Ärger mit ihm wegen der blöden Politik!

So viele Warndreiecke, wie grade vor meinem inneren Auge aufleuchteten, konnte ich schon gar nicht mehr zählen. Ich hatte ihm schon hundertmal gesagt, dass ich es nicht gut fand, dass mein Freund sich für die politischen Ziele meines Vaters einspannen ließ. Nein! Er musste seinen Dickkopf durchsetzen. Aber diesmal würde ich ihm was husten.

Mit den Worten: »Mach doch, was du willst! Was mich interessiert, ist dir ja sowieso egal!«, knallte ich ihm die Tür wieder vor der Nase zu und stürzte in mein Zimmer.

Wenig später sah ich ihn an meinem Fenster vorbeigehen.

Aber da bereute ich meine spontane Reaktion bereits und fragte mich, warum er eigentlich immer wieder angekleckert kam. Vielleicht hatte ihm ja der heimliche Kuss bei den Besinnungstagen auch gefallen und er suchte einen Weg, die Beziehungspause zu beenden? Vielleicht nahm er meinen Vater ja nur als Vorwand für die Besuche bei uns?

Ich dachte an Dave und das Homevideo und stellte fest, dass mir Meiks Verhalten ganz und gar nicht in den Kram passte, denn jetzt wollte *ich* eine Beziehungspause. Ich wäre ja mit dem Klammerbeutel gepudert, dachte ich, wenn ich die Chance nicht nutzen würde, Dave näher kennenzulernen. Und außerdem hatte ich mir vorgenommen, unbedingt auch von Dave einen Lippenabdruck zu besorgen. So zum Vergleich! Obwohl ich nicht den leisesten Schimmer hatte, wie ich ihm den abzocken sollte!

Einige Tage später war Meik schon wieder da, angeblich, um Plakate abzugeben. Aber diesmal beachtete ich ihn gar nicht. Er konnte ruhig merken, dass ich anderes und Besseres zu tun hatte. Ich übte nämlich mit dem Keks, wie man ein effektvolles Video aufnahm.

Mein Bruder mimte Dave Divine und ich interviewte ihn. Dabei gleichzeitig zu filmen, war gar nicht so leicht.

Wir lagen grade nach ein paar Takes kichernd auf dem Teppich, als Meik mit meinem Vater reinkam.

»Was gibt es denn so Lustiges?«, fragte mein Vater.

Meik schaute nur sprachlos unserem albernen Treiben zu.

Peinlich, peinlich. Ich sprang auf, klopfte mir die Teppichflusen von der Jeans und sagte, einen letzten Rest meines Kicherns in der Stimme unterdrückend, so ernst es ging: »Wir drehen einen Pilotfilm für meine Homestory über Dave Divine!«

Das saß! Meiks Blick zeigte unverhohlene Neugier. »Was für eine Homestory?«

»Über Dave Divine. Dave, den Göttlichen. Und falls du es noch nicht weißt: Ich bin die Leiterin seines offiziellen Fanclubs!«

Da staunste, nicht wahr?, dachte ich und grinste ihn herausfordernd an.

Er starrte mich verwirrt an und hätte sicher noch Stunden am gleichen Fleck gestanden, wenn mein Vater nicht seinen Arm um ihn gelegt und ihn in sein Arbeitszimmer geschleppt hätte.

»Es wäre schön, wenn du mit ein paar Leuten den Ordnungsdienst organisieren könntest und …«, hörte ich ihn noch sagen, dann schloss sich hinter den beiden die Tür.

Das war ja mal wieder abtörnend! Mein Vater sah in Meik wohl schon seinen Schwiegersohn in spe! Da hatte ich aber auch noch ein Wörtchen mitzureden, und zwar ein gewaltiges.

»Es wäre schön, wenn du den Ordnungsdienst organisieren könntest …«, imitierte der Keks meinen Vater.

Ich hielt die Kamera drauf.

»Dave, welches war dein schlimmstes Erlebnis?«, fragte ich.

Der Keks grunzte. »Als Dieter Bohlen mich aus dem Casting für *Deutschland sucht den Superstar* rausgeworfen hat!«

Ich war irritiert. »Hat er das?«

Der Keks kicherte. »Was weiß ich! Aber lustig wäre es!«

So lustig war es dann doch nicht. Denn als ich Dave eine Woche später mit der Kamera in der Hand die Frage nach seinem schlimmsten Erlebnis wirklich stellte, antwortete er doch tatsächlich: »Als ich in der ersten Runde bei *Deutschland sucht den Superstar* rausgeflogen bin.«

Ich starrte ihn wohl megadümmlich mit offenem Mund an, was ja auch verständlich war.

Jedenfalls sagte er schließlich unbehaglich: »Findest du das auch so schlimm?«

Ich dachte an den Keks und kicherte. Uups. Was mochte er denn jetzt von mir denken – dass ich ihn nicht ernst nahm? Ich schüttelte den Kopf.

»Entschuldige«, sagte ich etwas stammelnd, »aber ich finde es ganz und gar nicht schlimm. Eher lustig. Weil du doch nun ein Star bist, und zwar nicht von ihren Gnaden, sondern weil du was kannst. Weil du dich alleine durchgesetzt hast.«

Atemlos hielt ich nach dieser ausschweifenden Rede an. War ich denn von allen guten Geistern verlassen, den Typ gleich so zuzutexten? Ich war doch kaum zehn Minuten mit ihm zusammen. Hatte mal grade eben sein Apartment betreten, 'ne Coke angeschlürft und seinem Hund die Pfote geschüttelt und da laberte ich ihn gleich dermaßen voll.

Peinlich. Ich merkte, wie ich schuldbewusst einen megaroten Kopf kriegte. Feuermelder sahen bestimmt blass gegen mich aus.

Aber er sagte nur nett: »Danke, dass du das so siehst. Inzwischen bin ich auch darüber hinweg und ehrlich stolz, es ohne die Unterstützung von Bohlen und Co. geschafft zu haben.«

Ich trank einen Schluck braune Brause und versuchte

mich wieder zu fangen. Als ich zur Kamera griff, bebten meine Hände.

Nun reiß dich aber mal zusammen!, moserte mein innerer Coach. *Wolltest du nicht ein Video für die Fanpage drehen?*

Ja, wollte ich, aber in meinem momentanen Zustand war das wohl ziemlich zwecklos. Ich würde alles vor Aufregung total verwackeln und wer wollte sich so was schon ansehen? Eine Homestory war schließlich kein Blair-Witch-Projekt!

Faule Ausrede! Denk an deinen Fanclub. Willst du ohne Video zu den Pepper Dollies zurückkommen?

Mein Coach hatte ja recht. Ich musste mich echt am Riemen reißen. Diese Chance durfte ich nicht versemmeln. Also ran. Der Keks würde später schon alles am Computer bearbeiten und dabei die schlechten Szenen einfach rausschneiden.

Ich kramte aus meinem Rucksack die Liste mit den vorbereiteten Interviewfragen hervor und drückte auf den Auslöser der Kamera.

»Könntest du mir noch ein paar Fragen beantworten?«

Er nickte. »Klar doch, für meinen Fanclub immer.«

Ich erkundigte mich nach diesem und jenem, bis mir herausrutschte: »Wo und mit wem schläfst du?«

Äh! Mist! Der Typ bekam total heiße Ohren und ich sah sicher aus wie ein Kirmesapfel mit Glasur!

»Äh, ich meine, kannst du mir dein Schlafzimmer zeigen … äh … nein … äh … ich meine, nur für den Film und äh … ich wollte ja nur wissen, mit wem du im Bett kuschelst …«

Total verständnisloser Blick.

Oh nein! Wie peinlich! Was redete ich denn da! Der musste mich ja für völlig indiskret halten. Schlimmer als jeden Paparazzi.

»Ich … ich …«, nahm ich stammelnd einen Anlauf, den Karren wieder aus dem Dreck zu ziehen, »… ich wollte doch nur fragen, ob du Kuscheltiere hast, von deinen Fans … und ob du die vielleicht mit ins Bett nimmst … weil, die fänden das bestimmt echt süß …«

Ich stöhnte erleichtert auf und er lachte. Dann stand er vom Sofa auf, nahm mir die Kamera aus der Hand und stellte sie auf den niedrigen Sofatisch. Er ergriff meine Hand, zog mich aus dem Sessel hoch und führte mich in ein Nebenzimmer. Da stand ein schickes Sofabett, ähnlich wie mein Bruder eins zum Geburtstag gekriegt hatte, und darauf lag unordentlich sein Bettzeug, bezogen mit einer schrillbunten Bettwäsche. Und mittendrin hockten tatsächlich jede Menge Kuscheltiere. Das Beste aber war ein riesiger Plüschbär, der vor dem Bett lag.

»Oh, krass!«, rutschte es mir heraus. »Ich hab ja genau den gleichen! Ich habe ihn zu meinem ersten Geburtstag bekommen!«

Dave lachte verschmitzt. »Ich auch. Warte, ich zeig dir ein Foto.«

Er ging an eine Kommode und wenig später saßen wir mit einer Schachtel auf dem Fußboden neben dem Bären und wühlten in Daves Bildern und Kindheitserinnerungen und vergaßen darüber gänzlich die Zeit.

Als Mam irgendwann unten klingelte, packten wir schnell alles wieder in die Schachtel. Im Wohnzimmer fiel mein Blick auf die Kamera. Merde! So ein Mist. Jetzt hatte ich ganz vergessen weiterzufilmen und dabei war doch gerade die Szene im Schlafzimmer so megasüß gewesen.

Ich konnte ihn überreden, mir wenigstens zwei von seinen Kinderfotos zu borgen, damit der Keks sie scannen konnte. Ich würde dann einfach ein bisschen was aus seiner Kindheit als Kommentar dazuschreiben.

Ich hielt beim Rausgehen noch schnell die Kamera einen Moment auf den dicken Plüschbären, neben dem wir eben noch gesessen hatten.

Einen Augenblick musste ich die Augen schließen, um die Stimmung dieser wundervollen Situation noch einmal zurückzuholen und fest in meiner Erinnerung zu verankern. Der Duft seines Deos stieg mir wieder in die Nase. Himmel. Wie eng hatten wir denn da beieinander gehockt? Fast schon auf Kussnähe …

Kiki! Mein Coach spielte mal wieder den Moralapostel. *Du willst dich doch nicht nach einer so kurzen Bekanntschaft schon an den Typ ranwerfen?*

Und warum nicht?, dachte ich. Vielleicht ist er ja der Typ, der es wert ist? Mein Mister Right! Und außerdem kenne ich ihn schon seit Monaten und besser als kaum jemanden sonst. Ich höre von morgens bis abends seine Musik und mein Zimmer ist voller Fotos von ihm. Ich weiß alle wichtigen Sachen aus seinem Leben – jedenfalls sofern sie in den gängigen Popzeitschriften stehen – und versinke jeden Abend vor dem Schlafengehen in seinen braunen Augen.

Mein Coach nörgelte unbeeindruckt weiter.

Ich blendete den alten Miesmacher aus und grinste

Dave verliebt an. »Ich schreibe dir eine E-Mail, wenn der Film auf die Fanpage geht. Okay?«

Er lächelte megasüß. Und ich fand, dass er echt ein Fünf-Sterne-Typ war!

»Okay. Wie kann ich dir dafür danken?«, sagte er.

»Warte erst mal ab, ob er überhaupt gut wird, und dann sehen wir weiter, wenn du zu uns kommst. Vielleicht können wir ja ein Eis zusammen essen?«

Mein innerer Coach tanzte Salsa und hämte: *Damit du ihm auch einen Eisbecher auf die Hose kippen kannst? Vielleicht solltest du dir mal 'ne andere Methode zulegen, wenn du einen Jungen angraben willst.*

Ich hätte ihn würgen können.

Erst im Auto fiel mir wieder ein, dass ich mir von Dave noch einen Lippenabdruck hatte besorgen wollen. Zu spät. Und ich hatte ja auch nach wie vor keinen Plan, wie ich das hätte anstellen sollen. Hm. Vielleicht reichte es ja, wenn ich seinen Mund vom Starschnitt durchpauste. Ich klopfte mir innerlich auf die Schulter. Wirklich keine schlechte Idee, da hätte ich doch schon längst mal drauf kommen können.

Es folgten drei Stunden Autobahn. Das hieß drei Stunden Ödnis, nur unterbrochen von Mams gelegentlichen Ausrastern, wenn irgendwelche Laster sie rechts überholten.

Ich wollte mich ja nicht einmischen, aber bei ihrem Schneckentempo konnte ich die Jungs beinahe verstehen. »Wie wäre es denn, wenn du die Mittelspur einfach mal frei machst«, schlug ich vor.

Sie sah mich an und wäre dadurch beinahe ihrem bremsenden Vordermann draufgefahren.

»Aber Kind«, sagte sie mahnend, »du weißt doch, dass ich nicht so schnell fahren mag. Auf der linken Spur muss man immer so rasen.«

Ich hüstelte dezent. »Es soll auch noch eine rechte Spur geben.«

»Aber da sind doch immer diese brutalen Lastwagen, die so schrecklich dicht auffahren …«

Ich nickte und ließ sie weiter auf der Mittelspur fahren. Irgendwer hatte die mal die Todesspur genannt. Als uns gleichzeitig rechts und links ein Truck überholte, begann ich zu verstehen, warum.

Lass uns heil nach Hause kommen, lieber Gott, flehte ich. Wozu habe ich sonst das schöne Video von Dave gedreht? Das kannst du doch seinen Fans nicht antun, dass es mit uns zwischen zwei Lastwagen zerquetscht wird!

Wir hatten einen guten Stern und kamen gut wieder zu Hause an. In meinem Zimmer pauste ich dann sofort Daves Lippen von einem seiner Starporträts ab. Schon beim Abmalen hatte ich den Eindruck, dass sie Bastians Lippen sehr ähnelten. Das würde heißen, dass er ein ähnlicher Kusstyp war und in die Kategorie »leidenschaftlicher Küsser« gehörte. Ich verglich aber sicherheitshalber die Pause noch mit dem Auswertungsbogen. Na bitte, das war es! Er war der Typ Küsser, bei dem eine Romantikerin wie ich sehr viel von dem finden konnte, was sie suchte. Ähm, was genau suchte ich denn eigentlich?

Die große Liebe, du Dummchen, sagte mein innerer Coach und es klang ziemlich ironisch.

»Du bist verrückt! Völlig verrückt!« Franzi schmiss sich zum wiederholten Male fast weg vor Lachen. »Wie kannst du dem armen Jungen auch solche Fragen stellen?!«

Wir hatten nun schon fast hundertmal die Stelle mit den Bettfragen abgespielt und jedes Mal mussten wir uns wieder schlapp darüber lachen. In meinem Zimmer ging es zu wie auf einem Hühnerhof. Gacker, gacker, gacker.

Es war allerdings auch wirklich zu witzig. Ich hatte nämlich erst zu Hause gemerkt, dass die Videokamera, als sie auf dem Wohnzimmertisch gelegen hatte, die ganze Zeit eingeschaltet und ausgerechnet mit dem Objektiv auf Daves Schlafzimmer gerichtet gewesen war. So hatte sie jedes Wort aufgezeichnet, das wir gesprochen hatten, und außerdem auch noch die Szene, wo wir neben dem großen Kuschelteddy auf dem Boden gesessen und Fotos angeschaut hatten. Ich, seine Fanclubleiterin, ganz dicht auf Kuschelnähe neben ihm.

Zwar lag die ganze Szene auf der Seite, aber der Keks würde das im Computer schon gerade rücken.

»Sollen wir das denn wirklich auf die Fanpage packen?« Ich war doch ein bisschen unsicher.

»Aber klar!«, ließ Greetje keine Zweifel aufkommen. »Das is' doch ganz doll, ihr zwei beide da.«

Und auch Lea meinte, die Szene sei echt süß und den Schleimschnecken würden bei dem Anblick von mir und Dave mit dem Kuschelteddy glatt die Schleimdrüsen eintrocknen.

Na, dafür würde ich es natürlich tun. Das war die Sache wert, die mal nicht schleimen zu sehen.

»Aber«, wandten sich die drei dann plötzlich wieder meinem Liebesleben zu, »was ist denn nun eigentlich mit dir und Meik?«

»Nichts ist«, blockte ich ab. »Der züchtet Regenwürmer und macht für meinen Vater Politik.«

»Immer noch keine Zeit für Zärtlichkeit?«, fragte Greetje bedauernd.

Ich zuckte die Schultern. »Keine Ahnung, ist mir aber im Moment auch echt latte! Jetzt hab *ich* nämlich 'ne Auszeit!«

»Hä?« Greetje verstand nicht.

Aber Franzi sprang mir gleich bei. »Jetzt macht Kiki 'ne Beziehungspause, kapiert?«

Und Lea fügte hinzu: »Das ist ihr gutes Recht. Meik kann sie nicht derart vernachlässigen und glauben, dass sie wie Sabinchen weinend im Garten sitzt und auf ihn wartet!«

Genau das würde ich um jeden Preis vermeiden und dazu war der Fanclub ein ausgezeichneter Weg. Er bot nicht nur Ablenkung von meinem Beziehungsproblem mit Meik, sondern er war auch eine wunderbare Chance, neue Beziehungen zu knüpfen, insbesondere natürlich eine ganz bestimmte …

Du leidest nicht ein bisschen an Größenwahn?, fragte mein innerer Coach. *Glaubst du, so ein Popstar hat ausgerechnet auf dich gewartet?*

Darauf zu antworten war mir viel zu blöd. Den Waffen einer Frau würde Dave schon noch erliegen. Sie mussten nur anständig gewetzt werden.

Allerdings hatte ich erst mal andere Probleme. Als nämlich Logel und Birkenstock die letzten Arbeiten zurückgaben, hatte ich sowohl in Mathe als auch in Geschichte eine Fünf.

Oh Himmel, wie konnte denn das passieren?

Als dann auch noch Frau Ingrimm meine Englischarbeit auf mein Pult knallte und meine Mutter oder meinen Vater sprechen wollte, kapierte ich, dass die Lage ernst war.

»Aber nicht hoffnungslos«, tröstete mich Franzi in der Pause. »Du hast halt ein bisschen viel Dave im Kopf und ein bisschen wenig Schule. Ändere das und deine Noten sind schnell wieder oben.«

Davon war ich nicht ganz so überzeugt wie sie. Ohne Unterstützung würde ich allenfalls Englisch aufholen können, aber Mathe und Geschichte ...? Ich bekam plötzlich echt Muffensausen. So schlecht war ich in der Schule wirklich noch nie gewesen. Wenn ich nicht kleben bleiben wollte, musste dringend Hilfe her.

Und die kam dann tatsächlich, allerdings ganz anders als erwartet.

Am nächsten Wochenende, an dem mein Vater zu Hause war, klopfte es an meiner Zimmertür, und als ich »Herein« sagte, tauchte überraschend Meiks Kopf im Türrahmen auf.

Ehe ich einen erstaunten Ausruf über die Lippen bringen konnte, schob mein Vater Meik ganz in mein Zimmer und sagte: »Darf ich vorstellen? Dein neuer Nachhilfelehrer.«

WAS? Ich hörte ja wohl nicht recht.

»Ich brauche keine Nachhilfe und von Meik schon

ganz und gar nicht!«, rief ich empört. Das war ja der Gipfel, mir, ohne zu fragen, meinen So-gut-wie-Ex als Pauker an den Hals zu hängen! Papa ging es wohl nicht gut!

»Natürlich brauchst du Nachhilfe«, sagte mein Vater in bestimmtem Tonfall. »Mama hat mit Frau Ingrimm gesprochen und Herr Dr. Wolf hat mich angeschrieben und gebeten, dafür zu sorgen, dass du die Schule etwas ernster nimmst und vor allem einige Wissenslücken aufarbeitest, wenn du deine Versetzung nicht gefährden willst.«

Aha, das hatte ich mir ja auch schon vorgenommen. Aber musste es ausgerechnet mit Meiks Hilfe sein? Das passte mir ganz und gar nicht.

»Du kannst froh sein, dass ich Meik gestern Abend nach der Parteiversammlung auf einen möglichen Nachhilfelehrer für dich angesprochen habe und er sich gleich selbst bereit erklärt hat, dir in Mathe und Geschichte auf die Sprünge zu helfen.«

Aha, so war das also gelaufen. Dann war ja alles klar. Ich hatte mich schon gefragt, warum Meik das trotz Beziehungsauszeit machen wollte. Aber wenn mein Vater ihn so direkt gefragt hatte, sah er wohl gleich mal wieder eine Chance, sich bei ihm einzuschleimen und was für seine persönliche Parteikarriere zu tun. Konnte ja nur von Nutzen sein, wenn man der Tochter des Bundestagsabgeordneten Nachhilfe gab. Igitt, wie ich diese Karrieregeilheit verachtete.

Aber was blieb mir anderes übrig? Ich musste wohl oder übel in den sauren Apfel beißen.

So kam Meik wieder regelmäßig zu uns ins Haus und

triezte mich mit Mathe oder stellte blöde Geschichtsfragen, die mich nicht die Bohne interessierten. Wozu musste man was über den Wiener Kongress wissen? Wiener Würstchen hätte ich ja noch verstanden. Die waren wenigstens lecker.

Ich muss trotzdem gestehen, dass sich hin und wieder eine Sehnsucht nach den alten Zeiten bei mir einstellte, und schuld daran war nicht nur der heimliche Kuss während der Besinnungstage. Was hatten wir nicht schon alles zusammen erlebt …

Und so fragte ich mich mehr als einmal, wenn er nach der Nachhilfe eilig zu seinen Regenwürmern aufbrach, wie lange denn aus seiner Sicht unsere Beziehungspause noch anhalten sollte. Schließlich wurde es mir zu blöd und ich rief frustriert Franzi an.

Die hatte es mit ihrem Raffi zurzeit auch nicht leicht und schob es auf ihre mal wieder prächtig blühenden Pickel. Das heißt, gemessen an meinen Problemen, war sie praktisch sorgenfrei.

»Ich weiß überhaupt nicht, was eigentlich Sache ist«, stöhnte ich ins Telefon. »Mal finde ich ihn total ätzend und fühle mich frei für eine neue Beziehung und dann wieder erinnere ich mich an irgendetwas Schönes von früher und kann mich einfach nicht entscheiden, ob ich ihn nun endgültig verlassen soll oder nicht.«

»Hm«, grübelte Franzi. »Wenn ich es genau betrachte, scheint es ihm ähnlich zu gehen. Warum sollte er sich sonst so viel Mühe mit der Nachhilfe geben … Also, meiner Ansicht nach hilft da nur eine Paarberatung! Am besten kommt ihr beide mal zusammen zu mir zum Tee.«

Ich prustete los.

»Was gibt's da zu lachen?«, fragte sie und ihre Stimme klang ein wenig eingeschnappt.

»Das meinst du doch nicht im Ernst: Paarberatung!?«

»Natürlich meine ich das ernst und du solltest es auch ernst nehmen. Wenn dir an der Beziehung mit Meik überhaupt noch etwas liegt, müsst ihr eure Probleme bearbeiten. Möglichst unter fachkundiger Anleitung. Da du meine Freundin bist, empfinde ich es als meine Pflicht, es dir anzubieten.«

Jetzt dreht sie durch, dachte ich, sagte aber in meinem allerdankbarsten Tonfall: »Das ist wirklich lieb von dir. Ich ... ich komme drauf zurück.«

Niemals, beschloss ich jedoch insgeheim und legte schleunigst auf.

Paarberatung für 'ne junge Liebe! Der ging's doch nicht mehr gut. Wenn meine Eltern das nach achtzehn Jahren Ehe vielleicht mal zur Bewältigung einer Krise in Anspruch nehmen würden, dann wäre das sicherlich okay, aber doch nicht Meik und ich. Entweder wir kriegten das in den Griff oder eben nicht. Wenn wir jetzt schon 'ne Paarberatung brauchten, dann konnte ich mir lebhaft ausmalen, was wir in einem Jahr nötig hatten: einen Psychiater!

Wenigstens brachte Mam mit einer guten Nachricht wieder Sonne in mein durch Meiks qualvolle Büffelei leicht eingetrübtes Dasein.

Für eine Single-Auskoppelung aus Daves neuem Album sollte ein Video für die Musiksender gedreht werden. Das Krasse war, dass der Clip in einer Schule spielen sollte, und das Allerkrasseste, dass Mam vorgeschlagen hatte, ihn an *meiner* Schule zu drehen. Sie hatte auch schon die neue Direx, Frau Schäfer, um Erlaubnis gefragt. Und obwohl Wölfchen, der immer noch stellvertretender Schulleiter war, sich mit Händen und Füßen dagegen gesträubt hatte, war die Schäfer der Sache nicht abgeneigt gewesen. Zwar musste noch das Lehrerkollegium zustimmen, aber da war Mam ganz zuversichtlich. Hm, hoffentlich taten sie das, wenn Wölfchen, Birkenstock, Logel, Frau Ingrimm und so weiter krank waren, sonst sah ich schwarz.

»Halt es aber bitte noch geheim, bis es wirklich spruchreif ist«, bat meine Mutter.

»Du verlangst Unmögliches von mir!«, stöhnte ich. »Daves Dollie-Club hat einen Anspruch darauf, es zu erfahren.«

»Das werden sie, wenn die Sache eingetütet ist«, blieb Mam hart.

Also verkniff ich mir den Anruf bei Franzi und lief die nächsten Tage dermaßen geistesabwesend durch die Schule, dass es sogar den Lehrern auffiel und Moffel mir empfahl, mal Vitamin E zu mir zu nehmen, um damit meinen Anfall von Alzheimer zu stoppen.

»So vergesslich wie du ist ja nur noch meine Großmutter«, meinte er.

Sein Mitgefühl hinderte ihn allerdings nicht daran, mir in Bio eine Fünf einzutragen.

»Kiki«, schimpfte Franzi in der Pause mit mir. »Wie kannst du dich so hängen lassen! Ich bereue allmählich, dass wir diesen ganzen Fanclubzirkus angefangen haben. Wenn du so in der Schule absackst, kommst du in echte Schwierigkeiten.«

Lea stimmte ihr zu. »Ja, echt, Kiki! Du musst auch mal wieder was für die Schule tun.«

»Ich pauke doch schon dreimal in der Woche mit Meik«, versuchte ich mich zu rechtfertigen. »Ich krieg das schon hin.«

»Meik gibt dir Nachhilfe?«, fragte Lea erstaunt. »Das muss Liebe sein!«

»Quatsch Liebe! Er macht's garantiert nur für seine politische Karriere. Mein Vater wird ihm dafür ewig dankbar sein.«

»Du nich'?«, fragte Greetje.

»Erst mal sehen, ob's was nützt!«

Das sah Franzi genauso, und weil sie nicht alleine auf Meik vertrauen wollte, bot sie mir an, mit mir die Hausaufgaben zu machen. »Wenn du 'ne schicke Mappe hast, reißt das vieles wieder raus.«

Was blieb mir anderes übrig, als ihr lieb gemeintes Angebot anzunehmen? Sie war ja wirklich eine hilfsbereite Seele.

Und dann hob Mam die Infosperre endlich auf.

Sofort klebte ich am Telefon, um Franzi die Wahnsinnsnachricht brühheiß ins Öhrchen zu blasen.

»Nicht wirklich!« Sie kam aus dem Staunen nicht raus. »Du meinst, Dave kommt zu uns in die Schule und dreht da echt sein neues Video?«

»Ja, genau! Mam hat das mit der Direx gedeichselt. Die Schule kriegt 'ne Spende und dafür darf dann in der Schule und auf dem Schulhof gedreht werden.«

»Und wir spielen mit?«

Darüber hatte ich ja noch gar nicht nachgedacht. Da musste ich Mam doch gleich mal fragen.

»MA-HAMMMM!«, brüllte ich durchs Haus. »Spielen wir in dem Video mit???«

Sie brüllte irgendetwas von »Statisten« zurück, was ich gleich an Franzi weitergab.

»Die brauchen 'ne Menge Statisten, da kriegen wir sicher auch 'ne Rolle für die Pepper Dollies.«

Franzi tanzte auf der Tenne, so viel Begeisterung hatte ich bei der schon lange nicht mehr erlebt.

»Du träumst doch nicht heimlich von einer Fernsehkarriere?«, neckte ich sie.

»Aber klar doch«, sagte sie und ich konnte mir gut vorstellen, wie sie dabei grinste. »Haste vergessen, wie ich in der Kussrevue mit Raffi Susi und Strolch gemimt habe? Schade, dass ich mich damals für keins der vielen Filmangebote, die mir danach ins Haus flatterten, entscheiden konnte. Aber Hollywood war einfach noch zu früh. Wenigstens den Sek-I-Abschluss wollte ich ja noch hier machen.«

Wieher!

»Ich liebe deinen Humor«, sagte ich aus ehrlicher Überzeugung. »Wenn sich nach dem Videodreh die Angebote erneut häufen, solltest du aber eins annehmen.«

»Nur wenn ich mit Dave drehen darf.«

Hm, den Traum hatte ich auch schon geträumt. Na, mal sehen, wie das alles so lief.

»Ich finde, dass Daves Dollie-Club Dave während der Dreharbeiten betreuen sollte.«

»Was meinst du mit betreuen?«, fragte Greetje und löffelte genussvoll den Schaum von ihrer Latte Macchiato.

Wir hatten uns in der Freistunde mal wieder in unser Lieblingscafé zurückgezogen und erörterten das Lieblingsthema der letzten Tage: Daves Videodreh.

»Na ja, ich dachte, wir könnten ihn zwischen den Dreharbeiten und in seiner Freizeit ein bisschen ... nun ja, halt ein bisschen betreuen. Schule zeigen, Mittagessen mit ihm, Stadtführung, Latte trinken ...«

Oder vielleicht sogar Turteltee! Aber diesen Gedanken behielt ich lieber für mich. Ob und wann und wo ich ihm den einflößte, entschied ich am besten spontan und vor allem für mich alleine. Da war ich Egoistin.

»Wir könnten ihn eben ein bisschen unterhalten und ihm den Aufenthalt hier angenehm gestalten. Außerdem muss er uns ganz viele Autogramme geben und wir könnten ein paar Fotos für die Fanpage machen und so.«

»Meinst du, er fühlt sich durch so was nicht etwas belästigt?«, wandte Lea ein.

Einen Moment wurde ich von Zweifeln angekränkelt. Er galt ja als ziemlich zurückhaltend und mit einem Schweif von Fans durch die Gegend zu ziehen, das war ihm vielleicht wirklich unangenehm. Ach was, schob ich den Gedanken beiseite. Der war doch bestimmt megagespannt, endlich seinen Fanclub persönlich kennenzulernen. Bestimmt war er uns total dankbar für die tolle Unterstützung der Promotionkampagne. Immerhin hatte er mich ja auch ohne Einwände das Video für die Homestory drehen lassen.

Das hatte der Keks übrigens wirklich astrein hingekriegt und es war ein echtes Highlight auf der Fanpage.

»Sei nicht so skeptisch«, sagte ich aus diesen Gedanken heraus zu Lea. »Wirst sehen, das wird 'ne ganz tolle Nummer.«

Und das wurde es. Aber holla!

Trotz der Aufregung wegen des Videodrehs versuchte ich mich in den nächsten Tagen etwas mehr auf die Schule zu konzentrieren und so schubste ich sämtliche romantischen Gedanken an Dave aus meinem Hirn und drängte sie in tiefere Körperregionen ab. Da verwandelten sie sich aber sogleich in Schmetterlinge und flatterten in meinem Bauch herum.

Ich glaube, ich hebe ab, dachte ich gerade. Das ging aber nicht, denn gleich würde Meik zur Nachhilfe kommen und ich hatte nicht mal eine der Übungsaufgaben fertig.

Ruhe da unten, schnauzte ich die Schmetterlinge an und stürzte mich auf die Arbeit.

Träume werden wahr

Ich brütete über Logels Matheaufgaben, als mich ein höllischer Lärm aus dem Vorgarten aufschreckte. Stift fallen lassen und Aufspringen war eins. Ich stürzte ans Fenster. Miähö-mihö-miähö, schrillte es lang gezogen wie die Töne eines misshandelten Fagotts zu mir herein. Aber dieser Ohrenschmaus war nichts gegen den Anblick, der sich mir bot.

Der Keks stand mit panischem Gesichtsausdruck mit dem Rücken an den Birnbaum gelehnt und vor ihm hatte sich – ich traute meinen Augen kaum – mit kampfeslustig gerecktem Hals und aufgeschlagenem Rad ein riesiger Pfau aufgebaut! Normalerweise im Zoo ein bezaubernder Anblick, aber im eigenen Vorgarten irgendwie nicht so das Prickelnde.

Schon gar nicht, wenn diese Bestie dabei war, den eigenen Bruder zu malträtieren.

Jetzt hatte der Keks mich entdeckt und fing auch gleich an zu brüllen: »Kiki! Hilfe! Der pickt mir die Augen aus!«

Und wie das Biest mit dem Schnabel nach meinem Bruder hackte, zweifelte ich keinen Moment am Wahrheitsgehalt dieser Aussage. Keine Frage, hier war Eile geboten, der Keks schwebte in höchster Gefahr.

Ich raste zur Haustür und riss sie auf. Geschockt blieb ich stehen, denn ich starrte geradewegs auf das Hinterteil des Pfaus mit dem riesigen Federfächer. Wirklich ein fantastischer Anblick, diese blau, grün und türkis schillernden Schwanzfedern mit dem charakteristischen großen dunklen Auge an der Spitze. Aber ehrlich gesagt war es weniger die zweifellos vorhandene Schönheit dieses Gebildes, die mir den Atem nahm, als sein bedrohliches Hin- und Herwogen, das von entsetzlich klagenden Schreien schaurig untermalt wurde. Meine Güte, wenn das Balzrufe waren, wie konnte da auch nur ein Pfauenweibchen drauf abfahren? Mich hätten die nie im Leben angelockt, sondern postwendend in die Flucht geschlagen. Gut, jetzt aber war nicht Flüchten, sondern Standhalten angesagt. Wie konnte ich meinen Bruder retten? Die Lage war aussichts-, aber dennoch nicht ganz hoffnungslos. Hm, mal sehen!

Die beiden waren genau eingekeilt zwischen Haus und Zaun und verbauten sich gegenseitig mögliche Fluchtwege. Hätten sie andersherum gestanden, der Pfau am Zaun und der Keks am Haus, wäre es kein Problem gewesen, so aber war guter Rat teuer.

Meine Güte, war das ein Riesenvieh. Grusel!

Ich stellte ihn mir schnell mit Äpfeln, Nüssen und Trauben gefüllt und lecker geschmort auf dem Erntedanktisch vor.

Es ist nur ein Braten, redete ich mir ermutigend zu. Du wirst doch vor einem etwas größeren Goldbroiler keine Angst haben? Hatte ich aber. Was, um alles in der Welt, hatte dieser Gockel in unserem Vorgarten verloren?

»Jag ihn weg, Kiki! Mach, dass er verschwindet!«, schrie der Keks in höchster Not und mit einer Stimme, die sich kicksend überschlug.

Ich sah nur seinen roten Kopf und hin und wieder mal eine panisch wedelnde Handbewegung, den Rest der Sicht nahm mir das immer noch aufgeschlagene Rad des Pfaus.

»Ksch, ksch! Weg, weg mit dir!«, versuchte ich das Tier zu verscheuchen.

Hatte sich was mit ksch! Ich erreichte nur, dass es sich jetzt schreiend zu mir umdrehte und mir dabei einen Teil seiner Schwanzfedern ins Gesicht und unter die Nase schob. Igitt! Das kitzelte! Hatschiiiiiii!

Ein lauter Nieser ließ den Vogel und mich selbst zusammenzucken. Leider trieb er ihn nicht in die Flucht.

»Ich … ich hole einen Besen!«, schrie ich meinem Bruder zu. »Halte aus und beweg dich möglichst wenig! Du bist zwar kein Star, aber ich hol dich da raus!«

Ich machte kehrt und rannte in den Hauswirtschaftsraum. Vor meinem inneren Auge sah ich noch einmal die Fernsehszene, in der ein Halbpromi in einer Dschungelprüfung von Straußen gepickt wurde. Hatte ganz schön hässliche Kratzer gegeben. Ein Pfauenschnabel war sicher nicht weniger gefährlich. Mein armer Bruder!

Ich schnappte mir den Besen und düste zurück zum Ort des schrecklichen Schauspiels. Die beiden Widersacher überboten sich nun gegenseitig mit ihrem Geschrei. Und der Pfau hackte nach wie vor auf den armen Keks ein.

Ich nahm den Besen und schubste den Pfau damit am Hinterteil. Wieder drehte er sich giftig zu mir um und begann nun nach mir zu picken.

»Lauf weg!«, rief ich dem Keks zu. »Schnell, lauf weg!«

»Wohin denn?«

»Kletter über den Zaun! Mach schon!«

Der Knabe wollte gerade meinem Rat folgen, als der Pfau sich wieder ihm zuwandte. Verdammt. Stocksteif blieb der Keks stehen.

Ich schubste ihn erneut mit dem Besen. Der Pfau raffte seine Federn zusammen, was ein ziemlich mieser Trick war, denn nun war sein schleppenartiger Schwanz so lang, dass ich mit dem Besen nicht mehr an seinen Körper kam. Zwar wirkte er nun von hinten auch nicht mehr ganz so beeindruckend, aber das änderte nichts an der Tatsache, dass er vorne weiter mit einem gefährlich aussehenden Schnabel nach meinem Bruder hackte. Was sollte ich nur tun?

»Ruf die Feuerwehr!«, schrie der Keks.

In dem Moment ertönte seitlich neben dem Hauseingang ein lautes Flattern. Sekunden später hockte dicht neben dem Kopf meines Bruders ein zweiter Pfau auf dem Gartenzaun.

Es war ein Weibchen, das ebenfalls sofort anfing, schrille Schreie auszustoßen. Also, hätte ich an der Stelle meines Bruders am Zaun gestanden, mir wären die Ohren abgefallen.

Oh Himmel, dachte ich und bekam nun richtig Panik.

Hoffentlich hielt der Gockel den Keks nun nicht erst recht für einen Rivalen! Denn dass er scharf war auf die Henne, war ja nun transparent. Am besten rief ich wohl wirklich die Feuerwehr. Ich wollte den Gedanken eben in die Tat umsetzen, als am Gartentor eine bekannte Gestalt auftauchte: Meik, unser Bioexperte! Der Typ kam ja ausnahmsweise mal gerade recht. Hoffentlich hatte er seine Regenwürmersammlung dabei. Die konnte er gleich als Köder für das Geflügel ausstreuen.

»Was ist denn hier für eine Belagerung!«, rief er, ganz der Schnellmerker. »Braucht ihr Hilfe?«

Völlig überflüssige Frage.

»Tut doch was!«, schrie der Keks und stand zwischen dem Balzgeflügel da wie eine Salzsäule.

Dem Wunsch konnte ich mich nur anschließen. »Lock die Viecher weg!«, rief ich Meik zu.

»Wie denn?«

Hahaha! Wohl doch keine Regenwürmer dabei.

»Mach den Balzruf nach, dann hält der Pfau dich für ein zweites Weibchen!«

Aber zu solchen nervenzerrenden Tönen waren Meiks Stimmbänder wohl nicht fähig. Nach ein paar kläglichen Versuchen brach er kichernd ab. Dödel!

»Ich mach das Tor auf und du versuchst, den Pfau hierher zu scheuchen!«, rief er mir stattdessen zu. »Klatsch in die Hände, das machen die Bauern bei Hühnern auch immer. Vielleicht wirkt es!«

Ich schmiss den Besen in die Ecke und fing an zu klatschen.

»Ksch, ksch, weg mit dir! Los, zisch ab! Weg!«

Oh nein. Ich sah, wie die Federn sich wieder anhoben.

Jetzt bloß nicht wieder ein Rad schlagen. Ich hob den Besen auf und rannte, ihn wie eine Lanze vor mich haltend, auf den Pfau zu, um ihn damit in die Seite zu piksen.

Trara, hier kommt der schwarze Ritter und schmeißt seinen Gegner aus dem Turnier! Fanfare!

Der Pfau aber war nicht blöd und so machte er rechtzeitig einen Schritt zur Seite und ich düste an ihm vorbei direkt auf meinen Bruder zu. Um ihm den Besen nicht in den Bauch zu rammen, riss ich das Teil in letzter Sekunde nach oben. Uups! Ich spürte kurz einen Widerstand, der mich ruckartig abbremste, dann wehte mir der heftige Luftzug eines aufgeregten Geflatters um die Ohren. Als ich aufschaute, sah ich die Henne kreischend rückwärts vom Zaun kippen. Mein Besen musste ihr voll vor die Brust geknallt sein.

Sekunden später zischte der Pfau vom Wehgeschrei seiner Angebeteten aufgeschreckt an mir vorbei und der Keks sprang mir in Panik in die Arme.

Wir duckten uns, als der Gockel mit heftigem Flügelschlag versuchte auf den Zaun zu hüpfen, dann rasten wir Hand in Hand auf den Hauseingang zu, wo Meik bereits auf uns wartete – die Hände lässig in den Hosentaschen.

Das war ja mal wieder typisch! Ich rettete unter Einsatz meines Lebens meinen Bruder und er hatte nichts anderes zu tun, als dem Ganzen wie bei einem spannenden Theaterstück zuzuschauen. Grrrr!

»Willste einen Tee?«, schnauzte ich ihn keuchend an.

Er nickte. »Ja, gerne.«

»Dann koch dir selber einen!«

Ich zerrte den Keks ins Haus und knallte Meik die Tür vor der Nase zu. Vorhang! Das Schauspiel war zu Ende und er hatte mal wieder eine Chance verpasst, für seine Prinzessin den Helden zu spielen und Bonuspunkte zu sammeln. Liebes Lieschen, wenn frau nicht alles selber machte! So eine schlaffe Socke brauchte ich wirklich nicht als Freund! Ganz klar, rote Karte!

Als der Keks Mam am Abend von der Invasion der Kampfvögel in unserem Vorgarten berichtete, spielte er natürlich eine sehr viel rühmlichere Rolle als in der Wirklichkeit.

»Kiki hat die Henne vom Zaun geschubst und dann habe ich den Gockel am Hals gepackt und hinterhergeschmissen …«

Mam konnte sich zunächst auch nicht erklären, wo die Vögel herkamen, aber als wir beim Abendspaziergang mit Schnuffel an unserem Ökobauernhof vorbeigingen, fiel unser Blick auf zwei bekannte Gestalten, die einträchtig turtelnd auf dem Misthaufen thronten. Offensichtlich handelte es sich bei dem Pärchen um einen Neuzugang.

Na, hoffentlich wurden deren Besuche bei uns jetzt nicht zur Gewohnheit.

Als ich schon im Bett lag, schaute der Keks noch einmal bei mir rein. Sein labbriger Pyjama schlabberte ihm um seinen schmalen Körper. Er hatte die Hände hinter dem Rücken verborgen.

»Danke«, sagte er und wurde dabei rot bis in die Haarwurzeln. Dann hielt er mir eine wunderschöne Pfauenfeder hin. »Die hab ich draußen im Garten gefunden«, schob er noch zur genaueren Erklärung hinterher – zack – war er weg.

Ich stellte sie in eine schmale hohe Vase auf meinen Schreibtisch. Männer, dachte ich dabei, man könnte sie ja meist echt in der Pfeife rauchen, aber manchmal sind sie einfach süß!

Und dann kam Dave tatsächlich. Mit dem ganzen Aufnahmestab zog er ins beste Hotel am Platze.

Wenn wir gedacht hatten, wir könnten mal eben so da reinspazieren, um mit ihm seine und unsere Freizeit zu gestalten, dann hatten wir uns aber heftig geschnitten. Die Damen und Herren »Producer« des Videoclips hatten nämlich ganz andere Vorstellungen und seine Managerin wollte vor allem einen gut aussehenden und das hieß einen ausgeruhten Star haben. Außerdem schwirrte da beim Team noch eine ziemlich aufgebrezelte Blondine herum, die schon mindestens hundert Jahre alt war, aber wohl für den Clip auf Schulmädchen machte. Himmel, wozu Maskenbildner so fähig waren. Na gut, sie war nicht hundert, sondern zweiundzwanzig Jahre, aber trotzdem für Dave viel zu alt.

Das fanden auch die Pepper Dollies.

Mona, die natürlich jetzt auch immer dabei war, meinte: »Die hätten einfach mal bei uns anfragen sollen, das hätten wir schon noch hingekriegt.«

Die mit ihrem Selbstbewusstsein.

Damit schaffte sie es dann doch tatsächlich auch, Dave im Hotel auf die Pelle zu rücken.

Dort im Foyer hatten sie nämlich gleich einen Rausschmeißer postiert, wie vor den Diskos. Und der Typ war absolut unzugänglich und achtete streng darauf, dass niemand »unbefugt« zu Dave durchkam.

»Aber ich *bin* befugt!«, versuchte ich ihm angesäuert wie ein Spreewaldgürkchen zu verklickern. »Ich bin die Leiterin von Daves Fanclub und außerdem bin ich die Tochter von der Frau, die die ganze Promotionkampagne entwickelt hat.«

»Aha«, grunzte der Typ und strich sich über seine frisch polierte Glatze, ließ den Bizeps spielen und kniff seine Augen zu schmalen Schlitzen zusammen. »Und ich bin der Sohn von dem Mann, der sich keinen Bären aufbinden lässt, darum musst du dir schon was Besseres ausdenken!«

Grr! Wie demütigend! Besonders weil alle Pepper Dollies am Eingang mit offenen Mündern zuschauten. So forsch, wie ich auf den Typ zugeschritten war, so geknickt schlich ich jetzt zu ihnen zurück.

»Soll ich mal?«, bot Mona an.

Ich zuckte die Schultern. War ja praktisch kein Risiko, an dem Kerl kam niemand vorbei.

»Wenn du meinst, dass du mehr Glück hast …«

Sie tänzelte ebenso forsch wie ich im Laufstegschritt auf den Typ zu. Aber bevor der ihr noch eine ebensolche Abfuhr wie mir erteilen konnte, ging die Fahrstuhltür auf und niemand Geringerer als Dave himself trat heraus. Mit einem überirdischen Leuchten im Gesicht stürzte sich Mona, diese ganz und gar durchgeknallte Person, sofort auf ihn und bröselte ihn zu. Sie deutete mit einer Handbewegung auf ihr Fanclub-Shirt, das sich an der Vorderseite sichtbar wölbte – mehr jedenfalls als bei mir –, dann brüllte sie so laut, als müsse sie auf dem Fischmarkt 'ne Tonne Heringe unters Volk bringen: »Hallo, Dave! Ich bin Mona von Daves Dollie-Club! Schönen Gruß von Kiki, du weißt schon, die das Homevideo gemacht hat. Unser Fanclub möchte dich gerne zum Eisessen einladen. Wann hast du denn mal Zeit?«

Eisessen? Oje, ob das eine gute Idee war?

Aber jetzt war der Rausschmeißer allmählich aufgewacht und versuchte sich zwischen Dave und Mona zu schieben, um sie von ihm abzudrängen.

Ich startete durch, grapschte nach Greetjes Hand und zerrte sie mit. »Hi, Dave! Darf ich dir die Pepper Dollies vorstellen? Du weißt ja, wir managen zusammen deinen Fanclub ...«

Hm, täuschte ich mich, oder war der Typ, als er mich erkannte, ein bisschen blass geworden? Der dachte doch hoffentlich nicht an die indiskreten Fragen, die ich ihm so volltrottelig bei der Homestory gestellt hatte?

Vielleicht hätten wir sie doch nicht mit auf die Fanpage stellen sollen? Aber der Keks hatte gemeint, die wären ja überhaupt erst das Interessante. Nullachtfünfzehn-Fragen und langweilige Statements könnte man ja schließlich überall finden. Wenn er da mal mit seiner Meinung nicht voll danebenlag!

Dave wollte eben den Mund zu einer Entgegnung aufmachen, als seine Managerin sich mit diesem blonden Etwas, das sich Schauspielerin nannte, in den Vordergrund drängte. Und so, als könnte er nicht selbst sprechen, sagte sie: »Das ist ja so lieb von euch, Mädchen. Aber wir müssen erst mal die Location inspizieren. Kommt doch heute am Nachmittag zum Casting in die Schule, vielleicht fällt eine kleine Rolle für euch ab.«

Dann griff sie nach Daves Arm und zog ihn in Richtung Ausgang.

»Aber wir haben ganz viel mit Dave zu besprechen ... und wir brauchen Autogramme ... und ...«

Niemand achtete mehr auf uns. Ich war den Tränen nahe. Da drehte sich Dave an der Drehtür noch einmal um, winkte und rief: »Wir sehen uns heute Abend bei deiner Mutter in der Agentur, Kiki!«

Mein Herz verließ kurzzeitig meinen Körper, weil es bis in den fünften Stock hüpfte. Mindestens! Und diese blonde Tussi warf mir einen echt zickigen Blick zu. Der Rausschmeißer aber kriegte zum ersten Mal die Augenlider auseinander, ja, er sperrte seine Glubscherchen so weit auf, dass ich dachte, sie fallen ihm aus dem Kopf.

»Na, Sohn-vom-Mann-der-sich-keinen-Bären-aufbinden-lässt«, sagte ich, so cool ich konnte, und stolzierte im Modelgang an ihm vorbei, »bist du denn sicher, dass du wirklich der Sohn deines Vaters bist? Vielleicht hat er *dir* einen Bären aufgebunden?«

Ein tierischer Laut drang unheilvoll aus den tiefsten Tiefen seines Inneren.

»Los, Mädels«, schrie Mona. »LAUFT!«

Okay, aßen wir also Eis ohne Dave. Ich hatte einen Eierlikörbecher bestellt und gab mir die volle Dröhnung – Krokant, Sahne und Likör – aber das musste einfach nach dieser Begegnung der dritten Art sein. Meine Güte, diese Medienmenschen waren wirklich die reinsten Aliens.

»Wie diese Möchtegern-Schauspielerin sich aufgeführt hat, echt unverschämt!«, moserte Franzi grade. »Das ist doch die Yvette aus Gute Liebe – Schlechte Liebe!«

»Echt?« Ich fasste es nicht, die hatte ich doch glatt nicht erkannt, so, wie die auf Schulmädchen gestylt war.

»Wie eingebildet die war. Und nur, weil sie in 'ner Soap mitspielt. Dabei ist das doch eine absolut talentfreie Zone!«, meinte auch Lea kritisch.

Greetje rümpfte ihr Näschen. »Wolle wir zu diese Casting gehe heute Nachmittag?«

Hm, Bock hatte ich darauf ja nun gar nicht. Eigentlich hatte ich mir vorgestellt, dass Mam für uns eine bevorzugte Behandlung rausholen würde. Aber wenn das Team sich erst heute Abend mit ihr traf, dann waren vielleicht die besten Rollen schon vergeben.

»Was meinst du denn, was die überhaupt so suchen werden? Ihre Stars haben sie ja schon.«

Mona schien auch nicht besonders begeistert von der Aussicht, sich mit einem Haufen anderer Schülerinnen unserer Schule um einen Miniauftritt in Daves Video balgen zu sollen.

»Ich habe ehrlich gesagt keine Lust, zu diesem Casting zu gehen. Nach allem, was wir für Dave bisher getan haben.« Mona schüttelte unwillig den Kopf.

»Ja, und alles ehrenamtlich!«, stimmte Lea zu.

Ich hatte mir ein Stück Krokant in eine Zahnlücke gebissen und pulte mit einem Zahnstocher im Mund herum, als plötzlich ein Schatten über mich fiel. Ach, oh Himmel, was machte Meik denn hier? Der sollte doch um Eisdielen, in denen ich mich befand, besser einen großen Bogen machen.

»Ich wollte grade in den Bus steigen, um mit dir Mathe zu üben, da habe ich euch zufällig hier sitzen sehen. Dann fällt Nachhilfe wohl heute aus?«

Oh Schreck. Das hatte ich ja ganz verschwitzt. Sollte wirklich mal Moffels Rat folgen und es mit Vitamin E versuchen. Ich sah auf die Uhr. Hm, das würde eng werden, wenn wir noch zu dem Casting wollten.

»Tja«, druckste ich herum, »da ist was dazwischengekommen. Weißt du, Dave Divine ist heute hier, weil die sein Video in unserer Schule drehen … und wir sind doch sein Fanclub … Und da ist nachher ein Casting … in der Schule … komm doch mit …«

Franzi sah mich an, als hätte ich einen Schaden. Hatte ich vielleicht wirklich. Jedenfalls war ich plötzlich der deutschen Sprache nicht mehr so richtig mächtig. Und dann hielt ich immer noch diesen peinlichen Zahnstocher in der Hand. Weil ich nicht wusste, wohin damit, bohrte ich ihn in Monas Amarenakirsche.

»Igitt!«, quiekte sie auf. »Die kannst du jetzt aber selbst essen!«

Und mit einer raschen Handbewegung packte sie das Hölzchen und wollte es mitsamt der Kirsche in meinen Eisbecher werfen.

»Vorsicht!«, kreischte Greetje.

Zu spät. Die dunkelrote, süße Kirsche zischte an meinem Eisbecher vorbei und landete wie ein gut geworfener Dart-Pfeil im Zentrum – nicht der Scheibe, aber von Meiks Körper. Das heißt, ein klein wenig tiefer war es schon, da wo es halt am peinlichsten ist.

Er starrte auf den roten Tupfer auf seinem Hosenstall, fasste sich in einer ungläubigen Geste an die Stirn und sagte: »Ich wusste doch, warum ich mich nie wieder zusammen mit dir in einer Eisdiele aufhalten wollte, Kiki.«

Dann drehte er sich um und ging ohne ein weiteres Wort davon.

»Aber ich war es doch gar nicht!«, rief ich ihm schockiert nach. »Es war doch Mona!«

Als wenn das noch etwas ausmachte.

Wir gingen dann doch zu diesem Casting. Frau konnte ja nie wissen und auf keinen Fall wollten wir uns eine mögliche Chance entgehen lassen, neben Dave im Video aufzutauchen. Sei sie auch noch so klein.

Als wir den Schulhof betraten, traf mich fast der Schlag. Meine Güte, da war ja die halbe Schule aufgelaufen. Und mitten in diesem Gewühl entdeckte ich – oh Graus – die Schleimschnecken.

»Ich werd nicht mehr«, konnte Franzi kaum an sich halten. »Wie sind die denn aufgezäumt?«

»Guck dir nur Gracia an, das ist ja total grottig!« Auch Lea fasste es kaum.

Die hatten aber wirklich ein bisschen tief in den Schminktopf gegriffen und auch mit ihren Haaren waren sie beim Stylen nicht zimperlich gewesen. Sonst hingen sie ihnen meistens trauerweidenmäßig an den Wangenknochen herunter. Heute aber hatten sie wohl jede Menge Haarspray und Glanzgel *extra strong* reingepappt. Bei Daphne sah es jedenfalls aus, als hätte sie einen Schrubber auf dem Kopf.

»Ich schmeiß mich weg«, prustete ich los. »Wollen die in einem Horrorstreifen mitspielen?«

Leider war Dave beim Casting gar nicht dabei. Wie blöd. Das hätte die Tusse von einer Managerin uns ja auch mal vorher sagen können. Dann hätten wir doch noch mit ihm Eis essen können. Hm, na ja, war vielleicht ganz gut so. Nicht auszudenken, wenn *ihm* die Kirsche auf die Hose geploppt wäre! Aber vielleicht hätte er es ja mit Humor getragen. Soll doch Menschen geben, die das hinkriegen.

Meik gehörte offenbar nicht zu denen. Männer sind so entsetzlich verletzlich!

Das Casting verlief dann annähernd so, wie wir es uns schon gedacht hatten. Der Regisseur erklärte uns, dass hauptsächlich ein paar Schüler aus oberen Klassen gebraucht würden, weil die blonde Soap-Tusse und Dave ein verliebtes Schülerpaar mimen sollten und man ihnen in ihrem Alter ja allenfalls die zwölfte oder dreizehnte Klasse abnahm.

Seltsamerweise wurden dann aber Mona und ich auch ausgewählt.

»Ihr seid doch die beiden vom Fanclub«, sagte der Regisseur. »Ihr seid mir von der Werbeagentur ja besonders ans Herz gelegt worden.« Er wandte sich an die Maskenbildnerin. »Kriegen wir die auf ein bisschen älter gestylt?«

Ich sah sie beschwörend an und presste mir einen Ausdruck ins Gesicht, mit dem ich mindestens wie neunzehn aussehen musste.

Sie grinste. »Doch, doch, die haben ein gutes Potenzial und sie bewegen sich sehr reif.«

Mona und ich hielten uns zum Abklatschen die Hände hin. Da hatte unser Laufstegabenteuer ja noch mal späte Früchte getragen. Mega! Wir waren dabei!

Dann wurden ein paar freakig aussehende Gestalten gesucht, die Dave immer mal ein bisschen neidisch nachgucken sollten. Klar, dass da die Chancen für die Schleimschnecken gut standen. Und Daphne und Gracia wurden auch tatsächlich genommen. Was Gracia zu der ziemlich arroganten Bemerkung veranlasste: »Bei Talent geht es eben auch ohne Vitamin B!«

»Vitamin B?«, fragte Greetje verständnislos.

»Beziehungen«, sagte Franzi. »Das war 'ne Anspielung auf Kikis Mutter, weil sie da ein bisschen was zu ihren Gunsten gedreht hat.«

»Findest du es unfair?«, fragte ich.

Franzi schüttelte den Kopf. »Quatsch! Ihr passt da wirklich gut und verdient habt ihr es allemal.«

»Und du?« War sie nicht ein bisschen neidisch, weil sie nur zum Fußvolk gehören sollte, das in der Pause auf dem Schulhof rumstand?

»Nee, gar nicht. Ich spiele einfach mit Raffi 'ne Knutschszene. So ganz privat für uns. Das ist die schönste Rolle, die ich mir vorstellen kann.«

Wie ich das Mädchen beneidete.

Die Besprechung am Abend in der Werbeagentur war kurz und knackig, dafür schloss sich ein ausgedehntes »Arbeitsessen« an. Mam liebte diese Form der Nahrungszufuhr, besonders weil sie von der Steuer absetzbar war.

Wieder hatte ich einen Platz neben Dave ergattert,

wobei Mam mich diesmal sehr unterstützt hatte, indem sie seine Managerin in ein Fachgespräch verwickelte und so verhinderte, dass sie sich zu Dave setzte.

Dass sich dieses blonde Soap-Gift natürlich an seine andere Seite pflanzte, konnte sie leider nicht verhindern. So schön, wie die aussah, so dumm war sie auch und bestätigte jedes Vorurteil gegen Blondinen gleich in mehrfacher Hinsicht. Da ich ja selber auch ziemlich blond war – allerdings naturblond –, war mir ihr Auftritt besonders peinlich. Dave war natürlich zu jeder von uns gleichermaßen freundlich, aber während sie immer gesprächiger wurde, wurde er immer stiller, ja geradezu wortkarg, und schließlich wirkte er echt genervt. Irgendwann schien er ihr hohles Geplapper nicht mehr ertragen zu können und mit einer gemurmelten Entschuldigung verschwand er auf die Toilette.

Ich starrte die Blonde an und sie mich.

»Äh, ich muss auch mal«, sagte ich wenig ladylike und stürzte vom Tisch. Nee, mit der Konversation zu treiben, ohne Dave zwischen uns, das brachte ich echt nicht.

Im Eingangsbereich des Waschraums lief ich prompt Dave in die Arme.

»Holla«, sagte er und grinste mich charmant an. »Auch die Flucht ergriffen?«

Das war deutlich. In mir trällerten hundert Lerchen. Er mag sie nicht, er findet sie doof, er kann sie nicht ausstehen – er hat nichts mit ihr! Juhuuuuuu!

Ich wurde mutig. »Wollen wir ein bisschen an die

frische Luft gehen? Hier drin ist es so verqualmt und draußen ist alles so schön frühlingsfrisch.«

Uups, hoffentlich hatte das in seinen Ohren jetzt nicht zu sehr nach Weichspülerwerbung geklungen. Obwohl, ein bisschen weichspülen wollte ich ihn ja schon … Kicher.

»Frühlingsfrisch?!« Er grinste breiter. Vermutlich dachte er grade das Gleiche wie ich. »Warum nicht?«, stimmte er zu. »Kannst mir ja Neuigkeiten vom Fanclub erzählen.«

Wir gingen gar nicht wieder ins Lokal zurück, sondern machten gleich heimlich 'ne Biege.

Ich war völlig benebelt. Ein nie gekanntes Glücksgefühl durchströmte mich, nahm mir den Atem, raubte mir die Sinne und ließ mich wie eine Schlafwandlerin neben ihm herstolpern.

Unbewusst schlug ich den Weg zum Stadtpark ein.

Ich war nicht in der Lage zu sprechen und hörte ihm darum fasziniert zu, als er von den Aufnahmen zu seinem Album erzählte. Beim Standbild des Herzogs blieb Dave stehen und deutete auf eine am Fuße des Monuments stehende Bank. »Wollen wir uns einen Moment setzen?«

Ich sank, immer noch keines Wortes mächtig, kommentarlos darauf nieder. Liebes Lieschen! Ich, Kiki Siebert, ganz alleine mit Dave Divine in einem menschenleeren Park auf einer Bank und um uns herum nur der Nachtgesang einer Nachtigall und über uns der klare Sternenhimmel.

You and me together, every day together, always …

Ich vergehe, dachte ich. Dies war zweifellos der

erhabenste Augenblick meines bisherigen Lebens. Aber eigentlich konnte ich gar nicht so richtig fassen, was mit mir gerade geschah.

»War das eigentlich deine Idee mit dem Fanclub oder die deiner Mutter?«, fragte Dave und endlich löste sich meine Zunge.

Ich erzählte ihm, wie Mam tage- und nächtelang ohne zündende Idee vor dem Computer gehockt hatte, im Frust kiloweise Spargel geschält hatte, den wir auch noch essen mussten, und wie sie dann schließlich dank meiner Einfälle doch noch die Ausschreibung gewonnen und das Projekt an Land gezogen hatte.

»Da muss ich dir ja wohl wirklich dankbar sein«, meinte Dave. »Ihr seid hier echt ein verdammt netter Haufen von Leuten und die Agentur deiner Mutter ist wirklich superprofessionell. Gut, dass meine Plattenfirma die ausgesucht hat.«

Diese Einschätzung freute mich ja nun sehr, aber noch mehr hätte es mich natürlich interessiert, wie er den Fanclub und dessen Mitglieder und vor allem mich fand.

»Gefällt dir die Fanpage?«

»Super. Ihr habt ja an alles gedacht. Sogar einen Chat habt ihr eingerichtet.«

»Wirst du mal reinkommen? Es wäre total groovy. Die Mädels wären aus dem Häuschen.«

»Das lässt sich machen. Wer hat denn das schöne Design der Fanpage entworfen? Du?«

Leider musste ich passen. »Nein, Greetje. Ihr Vater ist Kunstlehrer an unserer Schule.«

»Sehr begabt. Wird sie in der Richtung später mal was machen? Webdesign oder so?«

»Ich glaube schon …«

Hm, das lief irgendwie in die falsche Richtung. Ich wollte nicht über Greetje mit ihm reden, sondern über Kiki.

»Und wie hat dir mein Video mit der Homestory gefallen?«, versuchte ich ein wenig mehr *meine* Verdienste in den Vordergrund zu rücken. »Mein Bruder hat es noch ein bisschen geschnitten.«

Jetzt lachte Dave. »Es ist großartig. Superleistung. Ist dein Bruder so ein Spaßvogel?«

Ich wollte auch nicht über meinen Bruder reden!

»Ja, ist er«, sagte ich darum etwas brüsk. »Wir nennen ihn deshalb auch Scherzkeks.«

»Scherzkeks?«

»Entweder macht er Scherze oder er geht einem auf den Keks«, spulte ich mein Standardsprüchlein für solche Fälle ab.

Das hatte – wie meistens – durchschlagenden Erfolg. Voll der Brüller! Auch Dave schmiss sich fast weg vor Lachen. Na ja, für jemanden, der es zum ersten Mal hörte, mochte es ja noch einen Spaßeffekt haben.

»Mir scheint, ihr seid eine ziemlich lustige Familie«, meinte Dave schließlich. »Ist dein Vater vielleicht Zirkusclown?«

»So was Ähnliches«, sagte ich trocken. »Er ist Politiker.«

Nun lachte Dave so schallend los, dass wohl vor Schreck die Nachtigall vom Baum kippte. Jedenfalls brach ihr Gesang abrupt ab.

»Psst«, mahnte ich, »nicht die Nachtigall stören!«

»Stimmt«, sagte er, »nicht die Nachtigall, lieber die Lerche!«

Hatte ja seinen Shakespeare brav gelernt, der Junge. Einen Moment musste ich etwas wehmütig an Meik denken, wie er für mich in der Schulbibliothek auf Romeo gemacht hatte. Erstaunlich, wie beliebt Shakespeare immer noch war.

»Wann hat er eigentlich gelebt?«, fragte ich aus diesen Gedanken heraus.

»Wer, er?«

»Na, er, Shakespeare!«

»Irgendwann so im sechzehnten Jahrhundert. Ich bin mir nicht ganz sicher, aber jedenfalls war er einer der größten Männer, die je auf Erden wandelten.«

»War er?«

Dave nickte. »Er war übrigens nicht nur Dramatiker, er war auch ein hervorragender Komödiant.«

»Du magst witzige Menschen?«, fragte ich und fand das sehr erstaunlich, weil er so eigentlich gar nicht rüberkam. Seine Songs waren sehr romantisch und er wirkte immer ein bisschen schwermütig.

Als ich ihm das sagte, nickte er.

»Ja, das ist halt mein Stargesicht. Das ist Dave, der Typ, der Mädchenherzen reihenweise bricht. Von mir, dem echten David Mahlmann, hat der leider ziemlich wenig«, erklärte er nach einer Weile.

»Och«, rutschte es mir, ohne nachzudenken, raus, »das ist aber schade.«

Er sah mich mit einer hochgezogenen Augenbraue an. »Was ist schade?«

»Äh … na ja … also … alles, das heißt, ich … ich

finde das Romantische aber auch gut … also, ich finde, es passt zu dir … du … äh … also … jedenfalls siehst du total romantisch aus … und …«

Ich brach mein Gestotter ab, ehe ich mich noch völlig entblödete, und versuchte die Kurve auf neutrales Terrain zu kriegen.

»Die Fans stehen jedenfalls auf dich und deine Songs. Wir haben auf der Fanpage täglich über zweitausend Besucher«, gab ich fachkundig von mir.

»Wow!«, sagte Dave und es klang ein bisschen ironisch. »Muss ich ein toller Typ sein!« Bei diesen Worten legte er seinen Arm um mich.

Mein Atem ging schneller.

»Du brauchst doch nicht nervös zu werden«, meinte er mit sanfter Stimme. »Herzensbrecher ist nicht der schlimmste Titel, den ein Mann bekommen kann. Schmeichelt doch ungeheuer. Aber ich lege schon Wert darauf, dass ich dieses Image nicht skrupellos ausnutze.«

»Nicht?«

Da war ich jetzt aber echt enttäuscht. So 'n kleines bisschen Herzbrechen hätte er bei mir ruhig mal machen können.

»Und wie stellst du dir das genau vor?«, fragte er.

NEIN! Hatte ich mal wieder laut gedacht? Wie peinlich!

»Komm«, lockte er mich weiter aus der Reserve, »sag, was muss ich tun, um ein bisschen das Herz meiner Fanclub-Chefin anzuknacksen?«

»Ach, nicht viel!«, seufzte ich. »Das hat schon ganz viele Sprünge und irgendwann bricht es sowieso auseinander.«

Ich dachte an meine Probleme mit Meik, wodurch ich wohl gleich einen ziemlich depressiven Gesichtsausdruck kriegte.

Jedenfalls verstärkte Dave den Druck seines Arms und begann sanft meine Schulter zu streicheln. »So jung und schon so unglücklich? Wer ist der Schurke, der dir solchen Kummer macht?«

»Ein … ein anderer Shakespeare-Kenner … Leider interessiert er sich im Moment mehr für Regenwürmer als für seine Julia!«

Dave hielt mit dem Streicheln inne. Ungläubig fragte er: »Regenwürmer? Du machst Witze!«

Liebes Lieschen, war ich denn total bekifft, ihm das alles zu erzählen?

»Ähm – ja, nein, ein Projekt für *Schüler experimentieren …*«

»Ach so! Und da hat er keine Zeit mehr für romantische Gefühle?«

»Genau!«

Wie einfühlsam er gleich das Problem erkannt hatte. Er lachte spitzbübisch. »Da habe ich aber echt Glück!«

»Wieso?« Ich verstand nicht gleich den Grund seines Heiterkeitsausbruchs.

»Na, dadurch hast du doch viel Zeit für mich gewonnen, du kannst meinen Fanclub managen … und wer weiß, ohne die Regenwürmer würden wir jetzt vielleicht gar nicht hier zusammen sitzen. Und das wäre echt schade.«

»Wirklich?«

Ich kam aus dem Staunen nicht mehr heraus und in meinem Bauch randalierten die Schmetterlinge wie lange nicht mehr. Lass sie frei, Dave, dachte ich, lass sie frei … küss mich!

Und als hätte er erneut meine Gedanken gelesen, zog er mich an sich und berührte ganz zart meine Lippen mit den seinen. Sekunden später lagen wir uns knutschend in den Armen. Ein Schwarm Schmetterlinge erhob sich in den Abendhimmel und die Nachtigall begann erneut zu singen. Endlich, endlich war auch für Kiki der Frühling ausgebrochen.

Wir blieben noch ziemlich lange auf der Bank sitzen. Als die Laternen ausgingen – eine für Verliebte ausnahmsweise mal sinnvolle Sparmaßnahme der Stadtverwaltung –, schauten wir versunken in den Sternenhimmel.

»Ist das Licht der Sterne nicht wunderbar!«, flüsterte ich.

Dave nickte. »Ja, es leuchtet noch für uns, obwohl manche der Sterne längst nicht mehr existieren.«

Er schwieg einen Moment, dann sagte er nachdenklich: »Es wäre schön, wenn Menschen meine Musik auch noch hören würden, wenn mein Stern nicht mehr so hell strahlt, wenn mein Starruhm einmal verblasst.«

»Er wird nicht verblassen!«, sagte ich mit fester Stimme. »Niemals! Dafür wird schon dein Fanclub sorgen.«

Klang sein Lachen ein wenig skeptisch?

»Lass uns zurückgehen, Kiki, morgen haben wir einen anstrengenden Drehtag.«

Lass es Liebe sein

Und damit hatte er recht gehabt. Der Dreh wurde wirklich anstrengend – in vielerlei Hinsicht! Aber eins nach dem anderen.

In der Schule herrschte am nächsten Tag Ausnahmezustand. Auch die Schüler, die überhaupt nicht betroffen waren, wollten wenigstens zuschauen. Um die allgemeine Neugier zu befriedigen und weil das Wetter gerade gut war, beschloss die Regie, zuerst die Schulhofszenen zu drehen. Da konnten dann unsere Mitschüler als Zaungäste zuschauen.

Am Rande des Geschehens hatte mein geschäftstüchtiger Bruder tatsächlich mit Lea und Greetje einen Stand mit Fan-Artikeln aufgemacht. Shania Twain hätte ihre Freude an ihm gehabt.

We live in a greedy little world … dig deeper in your wallet …

Was hatte er Mam nicht alles abgezockt: Aufkleber, Poster, T-Shirts, Schlüsselbänder und sogar zwei Pakete Bettwäsche mit »Dave« auf dem Kopfkissen! Sollte ich mir auch schleunigst organisieren, vielleicht würden dann meine Träume noch lebhafter. Obwohl, nach der

Erfahrung der letzten Nacht ging das eigentlich kaum noch. Ich konnte es selbst fast nicht glauben, dass ich mir einen echten Fünf-Sterne-Typ an Land gezogen hatte. Aber der Traum war so was von realistisch gewesen, dass ich am Morgen einen richtig roten Kopf bekam, weil ich darin so heftig rumgeknutscht hatte.

Auch mein innerer Coach ließ gleich wieder den Anstandswauwau kläffen.

Nun übertreib mal nicht gleich mit deinen Gefühlen!, meinte er. *Bei solchen Herzensbrechern kann man nie wissen, ob sie es überhaupt ernst meinen.*

Und auch die Pepper Dollies betrachteten mich ein wenig skeptisch, als ich ihnen vorschwärmte, dass ich einen Mega-Abend mit Dave verbracht hatte. Und obwohl ich gewisse Einzelheiten, zum Beispiel seinen Kuss, für mich behielt, sagte Franzi warnend: »Du hast dich doch nicht wirklich in Dave verliebt? Das ist garantiert ein Mädchenvernascher!«

Um ihre abartige Theorie gleich zu untermauern, hielt sie mir eine brandneue Popzeitschrift hin. Was mussten meine entsetzten Augen da sehen? Dave in enger Umarmung mit Yvette! Und unter dem Foto stand: *Nicht nur im neuen Video von Dave Divine scheint Yvette die Hauptrolle zu spielen. In Potsdam sah man die beiden verliebt am Heiligensee spazieren gehen. Dave hat ganz in der Nähe ein Apartment bezogen – wird es sein neues Liebesnest?*

Ich kriegte voll den Föhn!

»Das ist ja wohl eine Unverschämtheit!«, schimpfte ich los. »Er findet sie absolut hohl! Er würde nie was mit ihr anfangen!«

Lea sah mich angesichts meines Ausbruchs erstaunt an.

»Sieht zwar anders aus«, versuchte sie die Wogen zu glätten, »aber wir wissen ja, dass die viel blödes Zeug schreiben.«

Und Greetje meinte: »Klatschspalte! Da is' nix dahinter! Is' bestimmt nur eine PR-Foto, um seine Video bekannt zu mache!«

»Komm wieder runter«, sagte Franzi zu mir, »Greetje hat recht. Du weißt doch von deiner Mutter, dass alles nur *for show* ist.«

Wusste ich, aber einen Stich hatte mir das Foto schon versetzt. Verdammt! Wie es schien, war ich echt in Dave verknallt.

Als Dave mit der Crew ankam, drängte der Keks ihn sogleich ab und zwang ihn, mit seinem Namenszug – in waschechter Textilfarbe – die Fanartikel aufzuwerten, und so brummte das Geschäft echt.

Can you hear it ring … it's such a beautiful thing …

»Aber bitte die Fan-Shirts nicht während der Dreharbeiten tragen«, bat die Regieassistentin über Megaphon. »Wir wollen schließlich eine normale Schule zeigen.«

Ich grinste. Gab es das? Normale Schule? Schweren Herzens schlüpften die Mädels aus der Unterstufe wieder aus den geweihten Teilen.

Dave hatte mir bei seiner Ankunft lieb zugelächelt und ich musste mein Herz mit beiden Händen festhalten, sonst wäre es ihm glatt entgegengehüpft.

Er spielte tatsächlich mit der blöden blonden Yvette ein Liebespaar. Das stieß mir ziemlich sauer auf, vor allem nach dem Zeitschriftenartikel. Händchen haltend, turtelnd und Küsschen gebend schlenderten sie in der ersten Szene aus der Schultür in die Pause. Um sie herum immer jede Menge Schüler als Statisten. Unter ihnen auch die Schleimschnecken, deren Aufgabe es war, besonders neidisch hinter den beiden herzugucken. Das machten sie schon von Natur aus prima, aber ich hätte sie in dieser Rolle heute bestimmt noch geschlagen. Mein Neidpegel jedenfalls war dabei, ins Unermessliche zu steigen, als Dave und Yvette auch noch am Kiosk ganz nah beieinander mit ihren Strohhalmen aus einer gemeinsamen Tüte tranken.

Die nächste Szene war am Basketballfeld vorgesehen. Dave sollte mit ein paar anderen Jungs ein bisschen spielerisch auf dem Feld herumtollen und dann, um Yvette zu beeindrucken, einen Superkorb werfen. Ein paar Mal wurde kalt geprobt, und weil Dave nicht der geschickteste Basketballer war, half Fabian ihm mit einer kleinen Trainigseinlage. Inzwischen hatte der Regisseur den Einfall, dass es doch eine sehr schöne Kamera-Einstellung wäre, wenn man, während Dave den Ball im Korb platzierte, Yvettes Gesicht sehen könnte, wie sie ihn bewundernd anhimmelte. Die Regieassistentin postierte unseren blonden Engel darum direkt unter den Korb und der Kameramann legte sich fast auf den Boden, um einen Winkel zu finden, mit dem er beides auf den Schirm kriegte: Dave *in action* am Korb und im Hintergrund Yvettes Gesicht.

»Können wir noch mal 'ne Kameraprobe haben? Fabian, wie wäre es, machst du mal einen Stunt?«

Der ließ sich nicht zweimal bitten. Und das Wort

Stunt nahm er dann auch gleich wörtlich. Zu wörtlich. Denn er meinte, er müsste diesen Filmmenschen nun mal so richtig zeigen, was für ein toller Kerl er doch war.

Er nahm sich den Ball, prellte einige Male und stieg dann zum Korb hoch, wo er den Ball sicher platzierte. Aber statt es dabei zu belassen, klammerte er sich mit beiden Händen am Korbrand fest, um noch eins seiner Gorilla-Kunststückchen abzuliefern. Er zog gerade die Beine an, als es verdächtig knackte. Bevor er noch seinen coolen Abschwung machen konnte, brach der Korb samt Haltegestänge ab und krachte mit Fabian zusammen auf die fassungslos nach oben starrende Yvette.

Die Katastrophe war perfekt! Ein gellender Schrei scholl über den Schulhof und zog alle Mitschüler magisch an den Ort des Geschehens. In Windeseile säumte eine Schar Neugieriger das Basketballfeld.

Ans Drehen war nicht mehr zu denken. Yvette hatte es schlimm getroffen. Nicht nur der Basketballkorb, auch Fabian war auf sie niedergegangen. Wir zogen Fabian von ihr runter und räumten Haltegestänge und Korb beiseite. Wie gelähmt ließ sie alles mit sich geschehen. Sie schrie nicht mehr, sondern wimmerte nur leise vor sich hin.

Der Regisseur brüllte nach den Sanitätern, aber unsere Schulsanitäter konnten auch nicht mehr tun, als Yvette auf der Wiese in eine stabile Seitenlage zu bringen und den Krankenwagen zu rufen. Dave und die Regieassistentin hockten sich neben Yvette, hielten ihre Hand und redeten beruhigend auf sie ein. Das war auch nötig. Gut, dass sie sich nicht sehen konnte. Das Haltegestänge hatte sie offenbar am Kopf getroffen, denn sie hatte einen sich lila verfärbenden Bluterguss auf der Stirn und dazu noch eine Reihe unschöner Schrammen und Kratzer im Gesicht. Vor allem ihre Nase hatte ordentlich was abgekriegt. Außerdem fiel ihr das Atmen schwer, woraus einer unserer Hilfssanis schloss, dass Fabian ihr vermutlich mit seinem Körpergewicht sämtliche Rippen gequetscht hatte. Für sie jedenfalls war der Dreh vorbei.

Ich hatte sie zwar ätzend gefunden, aber jetzt tat sie mir echt leid. Als sie mit dem Krankenwagen abtransportiert wurde, wünschte ich ihr gute Besserung, und das war wirklich ehrlich gemeint.

Yvettes Unfall brachte natürlich alles durcheinander. Hektisch wurde im Zimmer der Direx eine Krisensitzung einberufen, zu der auch Mam stieß.

Dave hatte sich im Flur vor dem Rektorat zu mir und den Pepper Dollies gesetzt und war genauso geschockt wie wir. Ob er doch was mit ihr hatte? Er sah ziemlich blass und besorgt aus.

»Muss jetzt alles noch mal gedreht werden?«, fragte Franzi schließlich in die gespannte Stille.

»Vermutlich. Aber sie müssen ja erst mal einen Ersatz für Yvette finden, und das kann dauern. Ziemlich dumme Geschichte. Die ganzen Fotos für die PR sind doch schon mit Yvette gemacht worden.«

»Und auch schon veröffentlicht«, sagte Franzi, kramte die Popzeitschrift raus und hielt sie Dave hin.

Er studierte den Artikel und grinste etwas verlegen.

»Was für ein Quatsch mal wieder«, sagte er. »Wenn es nach denen geht, müsste ich mich ja nun gleich in die nächste Hauptdarstellerin für meinen Videoclip verlieben. Wenn wir denn mal rasch eine finden.«

Na bitte, nichts dahinter, dachte ich erleichtert, als plötzlich die Tür vom Rektorat aufschwang und die Sekretärin sagte: »Dave Divine und Kristina Siebert bitte mal ins Rektorat.«

Wir sahen uns verblüfft an, weil wir uns gar nicht erklären konnten, was die da drinnen von uns beiden wollten. Besonders ich war total aufgeregt, als ich ins Heiligtum unserer Direktorin trat. Aber meine Mutter kam mir schon entgegen und zog mich an den Tisch.

Alle dort Versammelten blickten uns irgendwie erwartungsvoll an. Ich merkte, wie meine Handflächen feucht wurden und mir wieder diese peinliche Hitze in die Wangen stieg. Vielleicht sollte ich doch mal 'ne Therapie gegen dieses unfreiwillige Erröten machen.

»Könnte gehen«, sagte grade der Regisseur und zog heftig an seiner Pfeife. »Dave, könntest du dir vielleicht Kristina als deine Partnerin vorstellen? Als Ersatz für Yvette?«

Ich dachte, ich falle in Ohnmacht. War ich wohl auch tatsächlich ein bisschen, denn nach einem kurzen lila Flash, der durch mein Gehirn jagte, fand ich mich in Daves Armen wieder. War ich echt umgekippt? Hatte er mich aufgefangen? Oder war ich ihm vielleicht gar in die Arme gesprungen vor Aufregung? Und vor allen Dingen, was hatte Dave auf die Frage des Regisseurs geantwortet? Ich stierte die Leute am Tisch völlig orientierungslos an.

Dann blieb mein Blick an Mam hängen. Sie lachte und sagte: »Keine Sorge, Kiki, du machst das schon!«

Und ob ich machte, aber holla!

Das gab es doch gar nicht, dass das Schicksal so gnädig zu mir war. Aber hatte ich nicht schon bei unserer ersten peinlichen Begegnung an diesem Fahrstuhl geahnt, dass es Großes mit mir und Dave vorhatte?

Ich war das glücklichste Mädchen der Welt und diesmal beneideten mich nicht nur die Schleimschnecken, sondern die ganze Schule und sogar die Pepper Dollies.

»Heb aber nicht ab«, meinte Franzi gequält.

Ich nahm es ihr jedoch nicht übel. Wenn sie jetzt nicht neidisch geworden wäre, dann hätte sie gleich nach Rom fahren können, um sich beim Papst einen Heiligenschein abzuholen.

Den hatte sich allerdings Mona verdient. Denn obwohl offensichtlich war, dass meine Mutter bei dieser Rollenvergabe den Produzenten viel Vitamin B zugefüttert hatte, reagierte sie kein bisschen neidisch. Im Gegenteil, sie baute mich sogar auf, wenn ich mal wieder eine Szene nicht sofort hingekriegt hatte und in Selbstzweifeln zu versinken drohte. Es war also schon okay, dass wir sie bei den Pepper Dollies aufgenommen hatten, und ich bereute diese Entscheidung nun kein bisschen mehr.

Erfreulicherweise kam aber auch Franzi über ihre kurze Neidphase schnell hinweg. Schneller jedenfalls als Meik, denn in unserer Beziehungspause herrschte jetzt auch noch absolute Funkstille. Keine Nachhilfe mehr, nichts. Er wollte sich offenbar aus der ganzen Aktion in der Schule heraushalten, indem er sich für eine Woche mit Halsentzündung krankgemeldet hatte.

Dass er einen dicken Hals hatte, weil Dave bei uns

drehte, konnte ich mir lebhaft vorstellen. Dass es eine rein taktische Krankheit war, aber auch. Konnte es sein, dass der Typ trotz Beziehungspause eifersüchtig war?

Selber schuld, dachte ich. Irgendwie lag es doch nahe, einen Fünf-Sterne-Popstar einem langweiligen Regenwurmzüchter vorzuziehen.

Am nächsten Tag wurden die Spielszenen in der Klasse gedreht. Das war außerordentlich spannend.

Erst mal wurde alles kalt probiert, wobei ständig aus einem Ghettoblaster Daves Single dröhnte. Die Regieassistentin meinte, das wäre wichtig, damit wir uns in unseren Bewegungen ein bisschen dem Musikrhythmus anpassten und sich in unserer Mimik die Gedanken des Textes widerspiegelten. Da kam mir wirklich meine Modelerfahrung zugute, denn auch da hatte ich mich ja in den einzelnen Bildern nach unterschiedlicher Musik bewegen und mit dazu passenden Gesichtsausdrücken posieren müssen.

Trotzdem, manches fiel mir schwerer, als ich gedacht hatte, und so mussten viele Takes mehrmals wiederholt werden. Aber Dave war so unglaublich süß und geduldig, dass ich noch ewig so weitergemacht hätte, wenn es denn die Produktion erlaubt hätte. Besonders schön war eine Szene, in der wir nebeneinander am Klassenzimmerfenster standen und in den Regen hinaussehen mussten. Später würde dann mit ein paar filmtechnischen Tricks der Regen in Sonne übergehen und ein wunderschöner Regenbogen für uns am Himmel stehen. Ich konnte ihn jetzt schon lebhaft vor mir sehen, als wir da so standen, dicht beieinander,

Händchen haltend … Ach, es war einfach unbeschreiblich. *Somewhere over the rainbow dreams come true …* Mir war, als wäre die ganze Schule mit einem Teppich aus rosa Marshmallows ausgelegt, über den ich wolkenweich dahinschritt.

Meine innere Verzückung spiegelte sich offenbar manchmal so deutlich auf meinem Gesicht, dass die Regie mich mehrfach ermahnen musste. »Kiki, nicht so süßlich, weniger kitschig, bitte! Himmel, nimm dieses permanente Grinsen aus deinem Gesicht! Du siehst aus wie ein Honigkuchenpferd!«

Peinlich, peinlich!

Aber nach ein paar Anfangsschwierigkeiten klappte dann alles im Großen und Ganzen ziemlich perfekt. Und als in den Drehpausen die ersten Kniebeißer aus der Unterstufe ankamen und nicht nur von Dave, sondern auch von mir ein Autogramm wollten, drehte der Keks voll am Rad. »Du brauchst Autogrammkarten, wir müssen ganz schnell welche drucken. Lach mal!«

Und schwups hatte er Dave und mich mit seiner Digicam eingefangen. Bestimmt würde er nach Schulschluss sofort an seinen Computer stürzen und ein paar Dutzend Fotokarten von uns drucken.

Ich kicherte leise vor mich hin.

»Was denkst du Teuflisches?«, deutete Mona mein Gekicher ganz richtig.

»Ich überlege grade, ob ich den Schleimschnecken ein Autogramm von Dave und mir schenke.«

»Mach mal, ich wette, die kippen vom Stuhl!«

Leider war nach zwei Tagen intensiver Dreharbeit alles schon wieder vorbei und das Producer-Team und auch Dave brachen ihre Zelte bei uns ab.

Am letzten Abend aßen wir noch einmal alle gemeinsam bei unserem Stammitaliener und Dave und ich verschwanden zwischendurch wieder heimlich in den Stadtpark.

Wir knutschten innig und die Nachtigall fand offenbar Gefallen daran, denn sie sang schöner als je zuvor. Dann hieß es Abschied nehmen.

Nach einer letzten zärtlichen Umarmung sagte Dave liebevoll: »Yvette tut mir ja echt leid, aber ich fand den Dreh mit dir viel, viel schöner. Du bist so ein natürliches und bezauberndes Mädchen. Deine Gefühle spiegeln sich so ehrlich in deinem Gesicht. Ich bin wirklich stolz, dass du meinen Fanclub leitest. Ich hoffe, die gemeinsame Arbeit an diesem Video hat dir etwas für dein Engagement zurückgegeben. Bist du glücklich?«

Ob ich glücklich war? Ich kuschelte mich an ihn.

Keeping you forever and for always ... I'm in your arms ...

Meine Güte, ich war megahypersuperglücklich, das glücklichste Mädchen der Welt! Ich war ja so was von verliebt!

Und so hauchte ich nur: »Ja, total. Ich bin total glücklich! Danke, dass ich an deiner Seite spielen durfte! Jetzt bringen wir noch deine CDs an die Spitze der Charts und dann bist du der Größte!«

Es war ja kein Abschied für immer. Noch liefen alle Fäden der Promotionkampagne in Mams Agentur zusammen und ich würde Dave bald wieder sehen. Spätestens, wenn es seinen Top-Platz in den Charts zu feiern gab. Und dass es den bald zu feiern geben würde, dafür wollte ich mit den Pepper Dollies und dem Fanclub schon sorgen.

Ich hatte mal wieder auf anderen Fanpages spioniert und dort entdeckt, dass die Fans animiert wurden, durch massenhafte Anrufe für ihren Star auf diverse Charts Einfluss zu nehmen.

Mir war sofort klar, dass wir auch für Dave so ein »Powervoting« machen mussten, wenn wir wollten, dass er auf Anhieb in die Top Ten kam.

Ich trommelte die Pepper Dollies zusammen.

»Erst mal müssen wir ihn in die Trendcharts bringen. Da sind alle Newcomer drin. Und dann, wenn seine CDs auf dem Markt sind und sein Video bei MTViva läuft, voten wir bei Interaktiv und Clipselect, damit er möglichst oft gespielt wird. Wollen doch mal sehen, ob wir es nicht schaffen, dass er in den Verkaufscharts gleich in der ersten Woche von null unter die Top Ten düst.«

Die Pepper Dollies lauschten meinen fachkundigen Ausführungen fasziniert.

»Das ist ja 'ne ganz schöne Manipulation«, sagte Franzi kritisch und ehrlich.

»Die anderen machen es schließlich auch so.« Ich hatte da nicht die leisesten Bedenken. »Geben auf ihren Fanclub-Seiten sogar an, wo man die CDs kaufen muss, damit es für die Charts zählt. Also große Elektronikketten: ja, Drogeriemärkte: nein. Sollten wir auch machen, denn wer weiß das schon.«

»Okay, dann gleiches Recht für alle. Lass uns einfach

eine Liste der Verkaufsstellen ins Netz stellen, die hundertpro für die Ermittlung der offiziellen Verkaufscharts gezählt werden«, schlug Franzi vor.

Schon gebongt.

»Wie viel CDs muss er denn verkaufen, um an die Spitze zu kommen?«, fragte Lea.

»Mam sagt, zwischen acht- und zehntausend reichen. Hängt ein bisschen davon ab, wie die Konkurrenzlage ist.«

»Und wie ist die?«, wollte Greetje wissen.

»Geht so. Zurzeit keine besonderen Neuerscheinungen auf dem Markt. Jedenfalls nichts von bekannten Stars. Der erste Frühjahrs-Hype ist grade vorbei.«

»Also ideale Voraussetzungen«, zog Franzi ihre Schlüsse und machte gleich Nägel mit Köpfen. »Gut, dann lass doch von der Agentur ein Flashbanner machen und auf die Fanpage setzen. Wir haben ja inzwischen über tausend Mitglieder, das muss doch was bringen.«

Das war eine geniale Idee. Mam fand das auch und einige Tage später hatten wir die Aufforderung zum Powervoting für Dave auf der Fanpage.

Natürlich voteten wir selbst auch mehrmals täglich und als das Video an die Musiksender verschickt wurde, programmierten wir uns deren Nummern sofort in unsere Handys ein.

Das Musikvideo war dann echt der Kracher. So was Megatolles aber auch, und so superschön und romantisch.

Und unsere Schule erschien da ja in einem ganz anderen Licht. Frau Biedermann würde vom Glauben abfallen, wenn sie das jemals zu Gesicht bekam. Nachdem sie sich doch so viel Mühe gegeben hatte, unsere Schule zur knutschfreien Zone zu machen! Die mit ihrem Kussverbot! Ich kicherte. Und jetzt so ein Geknutsche und sogar mit Genehmigung der Schulleitung und auch noch im Fernsehen! Was für eine Verderbtheit der Sitten aber auch! Pfui, pfui, pfui!

Klar, dass sich jeder von unserer Schule die Fernsehausstrahlung des Videos ansah. Da es dank unseres Powervotings praktisch mehrmals täglich auf sämtlichen Musiksendern lief, kam ja kein Mensch daran vorbei. Auch Meik nicht, denn schließlich lebte er ja nicht gänzlich auf dem Mond und schaltete zwischen seinen Regenwurmexperimenten zur geistigen Regenerierung gelegentlich auch mal einen Musiksender ein.

Ich hockte mit den Pepper Dollies bei einem unserer nachmittäglichen Treffen vor der Glotze, als er anrief.

Mona und Franzi kicherten total albern herum. Es lief grade der Take, der Franzi mit Raffi megasüß knutschend auf dem Schulhof zeigte. Franzi war in ihrer Begeisterung aufgesprungen und hüpfte völlig überdreht wie ein australisches Zwergkänguru in meiner Bude herum. Und ausgerechnet mitten in dieses Tohuwabohu platzte Meik mit seinem Anruf.

Da hatte er echt nicht die Pole-Position erwischt.

»Jahaha …?«, gluckste ich aufgekratzt ins Telefon, als er auch schon losmuffelte. »Äh, Kiki, ich sehe gerade zufällig das Video …«

»Wir auch, aber eher weniger zufällig. Ist es nicht supi?«

Der Jubel in meiner Stimme musste ihm die Ohren zum Klingen bringen.

»Ich hatte es mir so …«, Pause, »… so …«, noch eine Pause, »… so …«, räusper, »… intim nicht vorgestellt.«

Häh? War der irgendwo beim Rennen aus der Kurve geflogen? Der Junge hatte doch einen Totalschaden. Was war denn an dem Video INTIM?! Es spielte schließlich in einer Schule und nicht in einem Schlafzimmer.

Ich schwieg fassungslos.

»Ich habe ernste Zweifel, ob wir nach dem, was da gelaufen ist, unsere Beziehung so einfach fortsetzen können …«

»Beziehung?«, fiel ich ihm ins Wort. »Welche Beziehung denn? Die köchelt doch seit Wochen nur noch auf Sparflamme. *Du* hast nun wirklich keinen Grund, mir eine Eifersuchtsszene zu machen. So, wie du mich vernachlässigt hast!«

»Vernachlässigt? Ich dich? Machst du Witze? Trotz meines Forschungsprojekts gebe ich dir dreimal in der Woche drei Stunden Nachhilfe, außerdem sehen wir uns jeden Tag in der Schule …«

Mir kam die Galle hoch. Ich wollte mit meinen Freundinnen das Video genießen und nicht Meiks untauglichen Versuch anhören, die Intensität unserer Beziehung mathematisch auszuwerten.

»Willst du nicht auch noch die Minuten und Sekunden dazuzählen?«, schlug ich wütend vor. »Liebe ist doch an Zeit nicht gebunden! Wenn du das nicht kapierst, dann geh mit deinem Taschenrechner 'ne Beziehung ein – aber nicht mit mir!«

Ich knallte den Hörer auf. Just in dem Moment gab Dave mir im Video einen seiner traumhaft süßen Küsse. Obwohl es nur ein Filmkuss war, versank ich in diesen himmlisch-romantischen Anblick. Danach beschloss ich, Meik zu den Akten zu legen. Ein Typ, der keine Zeit für spontane Zärtlichkeit hatte, war einfach nichts für mich. Aus! Schluss! VORBEI!

… cause this life is too short to live it just for you …

Irgendwann würde ich unserer Beziehung noch ein paar Tränen nachweinen, aber nicht heute – verschieben wir's auf morgen!

Spät am Abend – ich lag schon im Bett – erhielt ich noch eine SMS. Ich wollte sie erst gar nicht lesen, denn ich befürchtete zu Recht, dass sie von Meik sein könnte. Natürlich war die Message tatsächlich von ihm. Er hatte mir ein Stück aus einem Song von Shania Twain gesimst.

Oh I don't wanna share you with no one else – oh – I can't help it – I'm so in love – but I can't get you close enough …

Ich war verstört und fand lange nicht in den Schlaf.

Als ich einige Tage später ziemlich erschöpft aus der Schule kam, weil mir meine Wissenslücken in Mathe und Geschi mal wieder Ärger eingebracht hatten, sah ich schon am Laptop, der im Flur stand, dass Papa aus Berlin da war.

Doch ehe darüber auch nur ein Hauch von Freude aufkommen konnte, checkte ich an dem lautstarken Wortwechsel, der aus der Küche drang, dass es sich nicht um einen normalen, sondern um einen Inspektionsbesuch handelte. Papa wollte mal wieder nach dem Rechten sehen.

Meine Güte, was war dem denn für eine Laus über die Leber gekrochen? Der war ja superhoch getuned. Ich hörte etwas genauer hin, um besser beurteilen zu können, ob meine Anwesenheit in der Küche eher nützlich oder eher unerwünscht war. Hm, schwer zu entscheiden.

»… sie ist ein *Kind*! Wie kannst du als ihre Mutter zulassen, dass sie sich in diesem Video in einer Liebesszene öffentlich zur Schau stellt!«

Ich schluckte, den Sound kannte ich doch von der Modenschau, das war ja echt O-Ton Meik. Wusste gar nicht, dass mein Vater und mein (Ex?)Freund derartige Seelenverwandte waren.

»Und dann noch als *meine* Tochter! Unglaublich! Ich bin Jugendbeauftragter der Partei – wie bitte glaubst du, soll ich meinen Auftrag glaubwürdig wahrnehmen, wenn meine eigene Familie mir in den Rücken fällt und …«

»Aber sie ist doch nur eingesprungen!«, fuhr ihm meine Mutter ins Wort, was er ja nun gar nicht leiden konnte. »Es ist eine Rolle! Sie *spielt* seine Freundin. Sie *ist* es nicht. Und überhaupt, du tust ja grade, als hätte Dave sie vor laufender Kamera entjungfert! Dabei handelt es sich bloß um ganz harmlose Zärtlichkeiten. Wo lebst du denn eigentlich? Auf dem Mond? Oder willst du vielleicht Frau Biedermann in ihrer Spießigkeit Konkurrenz machen?«

Das war starker Tobak. Meinen Vater mit unserer

früheren Rektorin zu vergleichen, die das Knutschen an unserer Schule verboten hatte, war echt dreist. Aber recht hatte Mam. Jedenfalls hatte ich genug gehört und verkrümelte mich lieber schleunigst in mein Zimmer.

Irgendwie gaben mir ihre Worte aber zu denken. Sie *spielt* seine Freundin, sie *ist* es nicht! Das sah Dave doch hoffentlich nicht auch so? Meine Nerven begannen bei dieser furchtbaren Vorstellung heftig zu flattern. Aber dann dachte ich an die Abende auf der Parkbank und war wieder beruhigt. Warum hätte er mich da küssen sollen, wenn nicht aus Liebe? Schließlich war da nirgendwo eine Kamera gelaufen – nur die Nachtigall hatte gesungen.

Am Abendbrottisch herrschte dann eisiges Schweigen, das nur der Keks ab und zu mal durch einen Scherz aufzulockern versuchte. Vergebens. Auch Scherzkekse sind bei so einer Stimmung machtlos.

Als ich schon glaubte, wir hätten es überstanden, begann Papa während des Nachtischs die angesammelte Post zu öffnen.

»Können wir gehen?«, fragte der Keks.

Leider ein paar Sekunden zu spät, denn Papas Schläfenader schwoll gefährlich an, dann sprang er auf und wedelte mit einer Telekom-Rechnung in der Luft herum.

»Wer ist das gewesen?«, schrie er außer sich. »Wer verschleudert hier mein sauer verdientes Geld für Spaßgespräche?«

Ich erstarrte.

»Wer hat in diesem Haus für sechshundertachtundsiebzig Euro telefoniert?!«

Nein, nicht wirklich! So viel konnte doch das Telefonvoting für Dave nicht gekostet haben? Während ich bewegungsunfähig auf meinem Stuhl klebte, nahm mein Vater den Keks ins Visier. Immerhin hatte der schon öfter unsere Telefonrechnung unkontrolliert in die Höhe getrieben. »Wie viele Handytöne und -logos hast du bestellt? Hundert, tausend, zehntausend?«, bellte er den Knaben an.

»Äh … äh gar keine. War ja den ganzen Monat nix Gescheites im Angebot …«

»Lass doch das Kind in Ruhe«, brach Mams Glucken-instinkt hervor. Ihre Brut verteidigte sie bis aufs Messer. Bei mir machte sie dann allerdings eine kleine Ausnahme, als klar wurde, dass ich die Übeltäterin war.

»Aber, Kiki«, tadelte sie. »Wie kannst du nur so dumm sein. Die ziehen euch mit diesen Votings doch nur das Geld aus der Tasche. Die Anrufe sind alle überteuert. Warum hast du mir denn nicht gesagt, was ihr vorhabt?«

Wusste ich auch nicht.

»Irgendwie stand plötzlich die Idee mit dem Powervoting im Raum und dann haben wir sie halt, ohne noch lange nachzudenken, auch selbst umgesetzt.«

»Nachdenken! Das kann man von einem vierzehn Jahre alten Mädchen ja wohl auch nicht verlangen. Aber Liebesszenen in Musikvideos drehen, das ist in Ordnung, oder was?« Da dieses Statement meines Vaters eher auf meine Mutter als auf mich zielte, enthielt ich mich jeden Kommentars.

Papa motzte noch eine Weile weiter, aber dann nahm Mam ihm insofern den Wind aus den Segeln, als sie andeutete, dass man die Telefonaktion ja als Teil der Promotionkampagne deklarieren könne, dann würde die Agentur eventuell die Kosten übernehmen.

»Gilt das für alle Telefonate von Daves Dollie-Club?«, fragte ich, denn mir war klar, dass die Pepper Dollies genauso blind wie ich in die Telefonschuldenfalle getappt waren.

Mam sah mich skeptisch an. »Mal sehen, was noch in der Projektkasse ist«, sagte sie und ich hoffte inständig, dass es genug sein würde.

Danach begab sich mein Vater nach oben in sein Arbeitszimmer. Seine letzten Worte in der Sache fielen dann von der Treppe.

»Ich denke, das ist euch eine Lehre. Kiki, ich hoffe, du machst das durch ein paar gute Noten wieder wett. Lass dir bloß von deiner Mutter keine Filmstarallüren in den Kopf setzen. Ich erwarte ein exzellentes Zeugnis von dir!«

Schock! Der würde sich wundern. Aber bis dahin war ja noch ein bisschen Zeit. Allerdings – jetzt, wo ich Meik so abgebürstet hatte, war ich in echten Schwierigkeiten und die Zeichen für meine Versetzung standen nicht gerade gut.

Das hatten wohl sogar meine Freundinnen gemerkt. Auch Mona, denn die schien sich wirklich Sorgen zu machen. Wie sonst war es zu erklären, dass sie Basti auf Meik angesetzt hatte, um zu klären, ob er trotz unseres Streits noch bereit war, mir Nachhilfe zu geben. Natürlich hatte sie das alles hinter meinem Rücken eingefädelt und so war ich erst mal total verblüfft, als

Meik mich ein paar Tage nach unserem Krach über das Video auf dem Schulhof von der Seite ansprach.

»Hey, Kiki«, sagte er verlegen, »ich hab von Bastian gehört, dass es bei dir in Mathe immer noch brennt …«

»Brennt ist sehr vorsichtig ausgedrückt«, antwortete ich. »Flammendes Inferno trifft die Sache schon eher.«

Er grinste über den Joke. »Also, falls du einen Feuerwehrmann brauchst … Wir können das mit der Nachhilfe schon noch weitermachen.«

»Hast du denn dafür Zeit? Trotz deines Forschungsprojekts? Was sagen denn die Regenwürmer dazu?«

»Nichts, die habe ich bereits ausgesetzt. Ich mach jetzt nur noch die Computerpräsentation. Außerdem – die Zeit nehme ich mir.«

Das hätte ich früher im Jahr gerne mal gehört, dachte ich, als ich die vielen kleinen Marienkäfer im Bauch hatte und mich nach jemandem sehnte, der zärtlich seinen Arm um mich legte.

»Ich will schließlich nicht schuld sein, wenn du sitzen bleibst.« Bei diesen Worten sah er mich zum ersten Mal seit Tagen wieder einmal richtig lieb an, und da ich nicht sitzen bleiben wollte, schien es mir ratsam, die Gunst der Stunde zu nutzen und seinen Freundschaftsdienst anzunehmen.

So büffelte ich mit seiner Hilfe weiter, bis mir das Gehirn zu verdampfen drohte, aber es lohnte sich. Ich war wohl doch für ein blondes Mädchen ziemlich intelligent. Jedenfalls bekam ich nach ein paar Wochen die ersten richtig guten Noten – nicht nur in Mathe.

Birkenstock traute schier seinen Ohren nicht, als ich ihm nahezu fehlerfrei erklärte, was der Wiener Kongress war und welche Beschlüsse dort gefasst worden waren.

»Gut«, sagte er. »Wirklich gut, Kristina. Eine glatte Zwei.« Und säuberlich trug er die Note in sein Notenbüchlein ein. Da mochte sie neben den vielen Fünfen zwar ein wenig seltsam aussehen, aber ich war zuversichtlich, dass sie bald von weiteren guten Noten Gesellschaft bekommen würde.

Kopfschüttelnd schlurfte Birkenstock zurück an den Lehrertisch. »Und ich habe immer geglaubt, Wien würde für dich nur im Zusammenhang mit Wiener Walzer eine Bedeutung haben.«

Schlimmer, viel schlimmer, dachte ich grinsend, und vor meinem inneren Auge erschien ein knackiges Wiener Würstchen.

Und dann war es so weit. Single und Album von Dave standen gleichzeitig an der Spitze der Charts. Mam trommelte alle Leute zusammen und organisierte eine Mega-Party zum Abschluss des Projekts. Eine Überraschung aber verriet sie mir erst in letzter Minute: Dave würde aus Potsdam kommen, um mit uns zu feiern.

»Sicher kommt er nur deinetwegen«, meinte Mam augenzwinkernd. »Um sich zu bedanken.«

Na holla, davon ging ich aber auch aus! Nach allem, was ich und der Fanclub für ihn getan hatten!

Meine Vorfreude war unbeschreiblich. Endlich, endlich sah ich ihn wieder.

Jeden Abend vorm Einschlafen hatte ich mir unser Musikvideo angesehen und sein Lovesong war für mich zu einer kleinen Nachtmusik geworden. Wie wunderbar würde es sein, ihn nun wieder ganz wirklich und nah bei mir zu haben.

Lay back in the arms of someone … lay back in the arms of someone you love …

Lay back in the arms of someone ...

Mams Party war auf ihrem Höhepunkt und noch immer strömten in kleinen Trupps Leute herbei. Es hatte sich wohl bereits im ganzen Ort herumgesprochen, dass es bei uns Essen und Trinken zum Sparpreis, genau gesagt, für umsonst gab.

Das Haus schien aus allen Nähten zu platzen, jedenfalls fand ich, dass die Decke vom Wohnzimmer bedenklich durchhing und sich die Fachwerkbalken im Erdgeschoss irgendwie merkwürdig verbogen. Allerdings hatte ich keine Zeit, mir weiter Gedanken deswegen zu machen, denn Daves Dollies und Dave selbst hielten mich in Atem. Erst als Franzis Raffi mit Leas Torsten auflief und Greetje, mit Skizzenblock bewaffnet, versuchte, die denkwürdigsten Szenen der Party auf Papier zu bannen, hatte ich endlich Dave für mich allein.

Die Presse war bereits abgezogen und der Heiterkeitspegel der Werbeleute dermaßen gestiegen, dass bei jedem Lacher die Wände wackelten. Mam und mein Vater hatten sich wieder versöhnt und schienen sich prächtig zu amüsieren und die Gäste aus Kultur, Politik und Medienbranche offensichtlich auch. Nur der

Scherzkeks hatte voll die weltanschauliche Wende gemacht und sich angewidert von uns »Banausen« in sein Zimmer abgesetzt, wo er mit Ohrstöpseln »anständiger Mucke« lauschte, nicht so einem »Popschnulzensänger« wie Dave.

Ich war stinksauer auf ihn, denn schließlich hatte er mit dem Popschnulzensänger einen ganz schönen Reibach gemacht. Wenn mich nicht alles täuschte, hatte er mit den Einnahmen aus dem Fanartikelverkauf seinen neuen E-Bass finanziert.

Aber Dave nahm ihm das nicht mal übel. Als ich mich für meinen Bruder entschuldigen wollte, sagte er nur lässig: »Der ist wenigstens ehrlich. Möchte wirklich nicht wissen, wie viele von den Leuten hier meine Musik genauso wenig mögen wie er. Für die meisten bin ich doch wie für deinen Bruder auch nur ein gutes Geschäft.«

Geschäft? Hatte er Probleme damit? Besser ein gutes Geschäft als gar keins, sagte Mam immer, aber er schien das irgendwie anders zu sehen, denn er klang nicht, als ob er sich wirklich über seinen Erfolg freute. Meine Herren, dachte ich, da stand der Typ auf seines Ruhmes Gipfel, genauer gesagt, auf Platz eins der Charts, und dann kriegte der einen depressiven Anfall, statt in nimmer endenden Jubel auszubrechen. Ich wäre die Wände hochgelaufen und hätte auf dem Kirchturm einen Handstand gemacht!

Warum nur musste ich mich immer in Typen vergucken, die irgendeinen Sprung in der Schüssel hatten? Egal, her mit Reparaturkitt. Den Typ würde ich schon wieder heiter kriegen. Was stand er überhaupt so trocken herum, während alle anderen fleißig Champagner in sich hineinschlürften? Schließlich war er doch schon achtzehn und durfte ruhig mal ein paar Schlückchen von dem edlen Gesöff zu sich nehmen. Er musste sich ja nicht gleich die Kante geben, aber so einen kleinen Stimmungsaufheller, den konnte er jetzt sicher gebrauchen.

Obwohl ich immer noch nicht wusste, warum er so wehmütig aus seinem schicken Samtanzug schaute. Aber irgendwie stand ihm die Melancholie. Wirklich, sehr stylish, dieser Blick! Und dieser Mund … Ganz wie auf seinem Starschnitt! Leidenschaftlicher Küsser! Ich musste an mich halten, denn seine Lippen schrien förmlich danach, geküsst zu werden. Von mir geküsst zu werden!

Wie die Versuchung persönlich tänzelte gerade eine von Mams Auszubildenden mit einem Tablett gefüllter Sektgläser an uns vorbei. Schwups hatte ich zwei Gläser an mich gerafft. Eins hielt ich Dave auffordernd vor die Nase.

»Los doch!«, sagte ich und kicherte, wie ich fand, irgendwie neckisch. »Stoß an! Lass uns unseren Erfolg feiern! Prösterchen!«

Ich drückte ihm das Glas in die Hand und stieß mit meinem etwas stürmisch an. Es machte kling und mehr als die Hälfte von meinem Gesöff landete auf seinem Samtsakko.

»Oh, entschuldige!«, stotterte ich und merkte, wie ich mal wieder bis in die Haarspitzen rot wurde.

Hastig griff ich nach einer Serviette und begann an ihm herumzutupfen. Na klasse, da kam ja voll die romantische Stimmung auf. Er sah mich befremdet an, schwieg aber zu meinem Tun. Wortlos stürzte er dabei den Champagner runter. Der hatte aber mal einen guten Zug, der Junge!

Ich schmiss die Serviette weg und grapschte gleich nach dem nächsten Glas für ihn. Wir stießen noch einmal an.

»Auf unseren Erfolg!«, wiederholte ich.

Aber er sah mich irgendwie immer noch seltsam an. Was hatte er denn bloß? Es war doch unser gemeinsamer Erfolg und wir konnten stolz darauf sein.

»Auf Daves Dollie-Club!«, rief ich.

Hinter uns in einer Ecke standen Franzi und Raffi und knutschten, nun fuhren sie wie auf ein Signal auseinander und stimmten in meinen Trinkspruch ein. »Auf Daves Dollie-Club!«

Wie eine La-Ola-Welle setzte sich der Ruf durchs ganze Haus fort und meine Freundinnen sonnten sich in ihrem Ruhm. In ihren Fan-Shirts von jedem gleich als Fanclub-Mitglieder zu erkennen, ernteten sie jede Menge Lob und positiven Zuspruch.

Und auch ich schwang mich zu gekringeltem Größenwahn auf und trällerte vor mich hin: »*Ich bin's, die es geschafft hat, geschafft hat, geschafft hat, ich wollt es eben schaffen und schon war's geschafft …*«

Dave hatte bereits wieder ein volles Glas in der Hand. Jetzt hatte er wohl endlich beschlossen, sich locker zu machen. Ich wollte mich gerade an ihn ranwerfen, als Lea hinter mich trat und mich am Ärmel zupfte.

»Kannste mal mit aufs Klo kommen?«, fragte sie.

Ich warf einen Blick auf Dave, der sich inzwischen auf

einem Barhocker niedergelassen hatte und für Mams Sekretärin Autogrammkarten im Dutzend schrieb.

»Äh, Dave, ich komm gleich wieder zurück, muss mal schnell für kleine Mädchen«, entschuldigte ich mich.

»Was ist denn los?«, konnte ich, kaum, dass wir auf dem Gästeklo waren, meine Neugier nicht zurückhalten. Lea hatte einen leicht alkoholisierten Atem – ich tippte auf Sekt mit Orangensaft – und hektische rote Flecken auf den Wangen. »Sag schon, was ist los?«

Sie kicherte irgendwie geziert, was ich von ihr gar nicht kannte. »Also, es ist wegen Torsten … stell dir vor, erst taucht er mit mir in einen verschwiegenen Winkel ab und dann hat er mich voll am Bauch gepackt. Das fand ich ja besonders dreist, weil … er war ja nackt …«

»WAS? Er war nackt? Torsten war nackt?!«

Ich glaubte es ja nicht! War Lea denn wahnsinnig, sich mit so einem einzulassen?

»Nicht ER! Mein Bauch war nackt … guck doch …«

Sie deutete auf ihren Bauchnabel, der unter dem von ihr sehr tricky gekürzten Fan-Shirt hervorlugte. Echt sexy.

Kein Wunder, dass der Junge das als Aufforderung zum Tanz aufgefasst hatte.

»Und, haste ihm was auf die Pfoten gegeben?«

Leas Gesicht wurde noch fleckiger. Sie schüttelte den Kopf. »Nee, es war so süß kitzelig, wie er mich da gestreichelt hat.«

Ich nickte. Das Gefühl kannte ich ja von Meik, das brachte einem schon die Eingeweide zum Flattern.

Hm. Schön blöd, dass wir uns wegen ein paar dämlicher Regenwürmer so gezofft hatten. Aber egal, wenn er meinte, ich würde ihm hinterherlaufen, dann hatte er sich geschnitten!

Jetzt wurde Dave erobert und wenn der mich wirklich liebte – woran ich ehrlich gesagt nicht die leisesten Zweifel hatte, nach allem, was ich als Fanclub-Chefin für ihn getan hatte –, dann konnte Meik mir mal im Mondschein begegnen.

Plötzlich hatte ich Lea an meinem Hals hängen. Sie küsste mich ab und stammelte dabei völlig von der Rolle: »Er ist so süß, Kiki, er ist so megasüß, ich bin ja so was von verknallt in ihn. Endlich, endlich habe ich auch meinen Mister Right gefunden!«

»Seit wann weißt du es?«

»Wie, seit wann?«

»Na ja, seit wann bist du dir sicher, dass er der Richtige ist?«

Sie trat zum Waschbecken und ließ sich kaltes Wasser über die Innenseiten der Handgelenke laufen. Guter Gedanke, sich so wieder etwas abzukühlen. Sie strich sich die Haare aus der Stirn und sah mit außerordentlich zufriedenem Ausdruck ihr Spiegelbild an, was mich sehr wunderte. Ich an ihrer Stelle wäre schreiend davongelaufen. Aber sie schien ihr leicht zerzaustes Äußeres gar nicht wirklich wahrzunehmen. Das war wohl so, wenn man auf Wolke sieben schwebte.

»Eigentlich«, sagte sie schließlich mit überirdischem Lächeln, »eigentlich hat es ja schon während dieser verregneten Radtour in den Sommerferien gefunkt. Er war immer so hilfsbereit und ritterlich …«

Ritterlich? Nichts gegen Liebesgegurre, aber so übertreiben musste sie nun auch nicht grade. Aber ich konnte nicht verhindern, dass ich an den Bernstein denken musste, den Meik mir damals geschenkt und der so wunderbar die fehlende Urlaubssonne ersetzt hatte.

»Na fein«, sagte ich daher etwas geistesabwesend. »Dann turtel jetzt mal schön mit ihm weiter. Aber halt den Bauch bedeckt! Nicht dass Torsten meint, er müsse seinen auch noch freilegen!«

Kichernd verließen wir den Waschraum.

Ich fand Dave immer noch an der Bar hockend. Eine Traube von Autogrammjägern hatte ihn umzingelt und er wirkte *not amused*. Klar, das konnte ich verstehen. Der wollte ja an diesem Abend nicht nur arbeiten, sondern auch mal richtig abfeiern.

Ich zerrte Mam herbei. »Los, scheuch mal die Leute weg. Der arme Junge hat auch ein Recht auf Vergnügen.«

Mam sah mich mit einem Ich-weiß-schon-woher-der-Wind-weht-Blick an.

»Willst ihn wohl ein bisschen mehr für dich haben, was?«, flüsterte sie dabei verschwörerisch dicht an meinem Ohr.

Und wenn es so wäre? War ja wohl nur gerecht, nach allem, was ich für ihn und seine Karriere getan hatte.

Mam schaffte es wirklich, die Leute wegzulotsen, und so hatte ich ihn endlich für mich. Wohin schleppte ich ihn denn jetzt mal ab? Wo ließen sich ungestört Zärtlichkeiten tauschen und Liebesschwüre flüstern?

»Komm«, sagte ich. »Lass uns mal ein etwas ruhigeres Plätzchen suchen.«

Er ließ sich vom Barhocker gleiten, äh, das heißt, eigentlich rutschte er ziemlich schwerfällig von ihm ab, und hätte er sich nicht auf meine Schulter gestützt, wäre er glatt zu Boden gegangen.

Liebes Lieschen, wie viel Champagner hatte er denn wohl inzwischen intus? Wenn er den weiter so wie Wasser runtergestürzt hatte, dann konnten seine inneren Organe darin sicher schon schwimmen. Na, egal.

Eigentlich hatte ich ihn in mein Zimmer abschleppen wollen, aber als ich die Tür einen Spalt öffnete, sah ich dort Raffi vor Franzi auf dem Boden knien und irgendwelche romantischen Verse vor sich hin gurren. Ein wahrhaft köstlicher Anblick, denn seine Ohren leuchteten dabei in schrillem Pink.

»Wollen wir in den Garten gehen?«, schlug ich also ersatzweise vor. »In der Nacht duften die Rosen immer so besonders gut.«

Wir schafften es tatsächlich bis zu unserer Gartenbank, die in einem versteckten Winkel unter einer Kletterrose stand. Die hieß *Paul's Himalaya Musk* und war bis in die Spitze des alten abgestorbenen Birnbaums gewachsen. Der größte Teil ihrer Blüten hatte sich in den letzten warmen Tagen explosionsartig geöffnet und sie hing wie ein riesiger rosa Wasserfall über uns. Der Duft war unbeschreiblich.

Das merkte sogar Dave. »Sehr romantisch«, lobte er. »Und so schön intim …«

Und da Rosenduft offenbar sehr viel direkter auf das Erotikzentrum des Mannes wirkte als jeder Turteltee, steuerte er halbwegs zielsicher auf die Bank zu und zog mich darauf nieder.

»Komm, holde Schöne!«, deklamierte er. »Mach

mich zum glücklichsten Popstar unter dem Sternenhimmel!«

Er legte den Arm um mich und begann mich zu streicheln. Zwar etwas ruppig und nicht annähernd so zärtlich romantisch, wie ich es von ihm gewöhnt war, aber immerhin. Ich verstand gar nicht, was heute mit ihm los war. Neulich im Park war doch alles so wunderbar harmonisch gelaufen. Das konnte doch nicht nur am Alkohol liegen!?

Schließlich beugte er sich zu mir und begann mein Gesicht zu küssen. Spätestens jetzt hätte ich eigentlich – wie stets, wenn Meik zärtlich wurde – in einem fetten rosa Marshmallow versinken müssen, aber irgendwie hatte Dave wohl noch nicht meinen Traumschalter angeknipst.

Ich hing in seinen Armen, den Armen des göttlichen Dave, und fühlte mich doch immer noch ziemlich irdisch.

Zwar flüsterte er sehr romantische Stellen aus seinem Chart-Hit, aber irgendwie verfehlten diese Worte bei mir die entsprechende Wirkung. Lag es daran, dass sie etwas schleppend über seine Lippen stolperten? Oder daran, dass sie irgendwie auswendig gelernt rüberkamen?

Aber vielleicht war ich auch einfach zu anspruchsvoll. Wir fingen ja schließlich erst an. Ich musste nur diese wunderbare Gelegenheit nutzen. Es konnte doch nicht so schwer sein, ihn davon zu überzeugen, dass ich nicht nur die Leiterin seines Fanclubs war, sondern das Mädchen seiner Träume, die Liebe seines Lebens.

Wenig später lag ich in seinen Armen und wir

knutschten, dass sich die Bretter bogen! Meine Herren, der Knabe kam wie ein Sturm über mich, ach was, Sturm – Tornado, Hurrikan, Twister! Irgendwie hatte ich ihn viel zurückhaltender kennengelernt. Da hatte der Kusstest aber mal recht. Leidenschaftlicher Kusstyp – das konnte man wohl sagen. Der schleckte mich ja förmlich ab wie meine Schnuffelhündin. Nur hatte die nicht so einen ausgeprägten Champagner-Schlabber. Eher Frolic oder Cesar – eben der Duft, der einen feinen Hund umgibt. Beides fand ich nicht wirklich anmachend. Und wieso fiel mir plötzlich der Irische Wolfshund ein, der mich neulich am Baggersee so unverschämt abgeschleckt hatte? Peinlich, peinlich. Ich löste mich und wischte mich mit dem Ärmel etwas trocken.

Dave zog mich erneut in seine Arme. »Komm, meine süße Fanclubchefin!«

Ich kuschelte mich an seine Brust. Das war netter. So hätte ich stundenlang träumend sitzen können.

»Ich liebe dich«, flüsterte ich. »Ach, Dave, ich liebe dich so.«

»Wirklich?«, fragte er.

»Ja, ganz und gar und wirklich! So megatotal!«

»Das ist nett von dir«, sagte er und ließ seine Hand über meinen Körper gleiten. Am Hals herunter, über die Brust zum Bauch. Jetzt schob er mein T-Shirt hoch und begann meinen nackten Bauch zu streicheln.

Ich erinnerte mich an den Rat, den ich Lea gegeben hatte, und zupfte das T-Shirt wieder runter. Und dabei dachte ich, dass Meik das Bauchkitzeln irgendwie lustiger gemacht hatte.

Sehr verliebte Gedanken, stellte mein innerer Coach

zynisch fest. Hm, ja, da hatte er recht. Irgendwie war das wohl nicht so ganz die Romantik, die ich mir von diesem Tête-à-tête mit Dave versprochen hatte. Das war jedenfalls kein Fünf-Sterne-Auftritt! Dabei stimmte doch eigentlich alles … Nacht, Sternenhimmel, Rosenduft … Was fehlte denn bloß?

Die Liebe vielleicht?, mischte sich mein innerer Coach schon wieder ein.

Na, die bestimmt nicht! Das konnte doch ein Blinder mit Krückstock sehen, dass der Typ total auf mich abfuhr. Es … es … es war vielleicht einfach ein bisschen viel Liebe für jemanden wie mich, der seit Wochen auf Liebesdiät gesetzt war … und Dave war irgendwie sehr … hm … wie sollte ich es nur ausdrücken …?

Randy, half mir mein innerer Coach mit einem passenden Wort aus.

Liebes Lieschen! Ich bekam einen Anflug von Panik. Ich hatte ihn doch nicht so heiß gemacht!? Das – das konnte doch nur am Alkohol liegen! Aber vielleicht kam ja genau so die wirkliche Liebe daher, wild und gefährlich … Und war es nicht außerordentlich schmeichelhaft, dass er mich so begehrte?

Quatsch! Man kann sich Dinge auch schönreden! Hättest ihn halt nicht zum Trinken animieren sollen. Wer sich in Gefahr begibt, der kommt drin um …, trug mein Coach mal wieder nichts wirklich Nützliches zur Lösung meiner misslichen Lage bei.

Und Daves Antatscherei ging weiter.

Och nee, das war doch alles nicht wahr. War denn hier kein Mensch in der Nähe, der uns mal ein bisschen stören konnte?

Jetzt hätte mein Vater sich mal ein paar Sorgen machen können, aber nee, er alberte ja mit den Gästen im Haus herum.

Was sollte ich denn nur machen? Dave ging mir plötzlich irgendwie total auf den Senkel und erinnerte mich fatalerweise auch noch an Fabian, diesen Möchtegern-Kussräuber! Das war ja nun ein vollkommen abtörnender Gedanke.

Tja, ist wohl doch nicht der Traumprinz? So schnell wird aus Mister Right ein Mister Wrong!, konnte sich mein Coach mal wieder nicht mit einem bissigen Kommentar zurückhalten.

Und wenn ich ehrlich war, hatte ich im Moment auch alles andere als zärtliche Gefühle für Dave. Der hatte sich nämlich inzwischen mit seinem ganzen Gewicht gegen mich gelehnt und ich kippte halb unter ihm begraben fast von der Bank.

Zeit, sich aus der Affäre zu ziehen. Nur wie? Mich oder ihn von der Bank schmeißen? Ihn!

Ich nahm alle Kraft zusammen und schubste ihn von mir weg. Mit einem dumpfen Plumps landete er auf dem weichen Rasen, der zum Glück seinen Sturz etwas abmilderte. Aber offenbar war er dabei direkt auf den Schalter für die Effektbeleuchtung geplumpst, denn unsere gesamten Strahler leuchteten plötzlich uns und die Rose wie eine Freilichtbühne an.

Oh Gott, da hockte ich nun wie auf einem Präsentierteller, mit einem besoffenen Typ zu meinen Füßen. Und durch das Licht angelockt strömte auch sofort allerlei erheitertes Volk aus allen Ecken des Gartens neugierig herbei.

Der schlimmste Schock aber war, dass ich in der Menge ganz unverhofft Meiks Gesicht zu erkennen glaubte. Wenn der mich in dieser oberpikanten Situation mit Dave beobachtet hatte, dann konnte ich unsere Beziehung für alle Ewigkeit begraben.

Und dabei war mir doch gerade bewusst geworden, dass ich eigentlich nur einen liebte: nämlich ihn, Meik!

Unter den Schaulustigen war auch mein Vater. Leider oder auch nicht, wie man's nimmt.

»Was ist denn hier los?!«, rief er erstaunt aus und zu mir gewandt sagte er ziemlich unwirsch: »Habe ich Schäferstündchen in unserem Garten erlaubt? Davon wüsste ich aber. Rein mit euch, Kiki, aber schnell! Die Party findet im Haus statt.« Alter Wachhund!

Wie eine Rakete spritzte ich von der Bank auf und atmete erleichtert auf. Manchmal hatten Eltern doch einen bewundernswerten sechsten Sinn.

Mein Vater deutete auf Dave, der immer noch platt auf dem Rücken vor der Bank lag und offensichtlich echt hinüber war.

»Fass mal mit an«, rief mein Vater und winkte zu einem Busch rüber.

Oh Himmel nein, wie schrecklich! Niemand anders als Meik trat aus dem Dunkel hervor und schnappte sich mit meinem Vater zusammen den regungslosen Dave.

Mit Unterstützung von ein paar anderen Freunden wurde unser Popstar ins Gästezimmer unseres Hauses bugsiert. Wie gut, dass die Presse schon weg war.

»Der ist fix und alle«, sagte Meik merkwürdig grinsend, als er wieder zu uns ins Wohnzimmer zurückkam. »Alkohol, der böse Feind, hat wohl voll zugeschlagen.

Na, Kiki, hoffentlich bist du vorher wenigstens noch auf deine Kosten gekommen.«

Ich starrte ihn verdattert an. »Wie, auf meine Kosten?«

»Na ja, in puncto Liebe und Zärtlichkeit!«

Was war denn das jetzt für eine Frechheit! Offenbar hatte er doch mehr beobachtet, als mir lieb sein konnte. Was nun?

Doch ehe ich noch richtig nachgedacht hatte, raunzte ich ihn an: »Liebe ist ja wohl mehr als eine Kosten-Nutzen-Rechnung! Aber was weißt du denn schon davon, du … du Regenwurmstreichler!«

Jetzt hast du es ganz vermasselt, sagte mein Coach verzweifelt. Und damit hatte er wohl ausnahmsweise mal hundertprozentig recht.

»Du hast mich doch nur geküsst, es ist wirklich nichts passiert, wofür du dich entschuldigen müsstest«, sagte ich am nächsten Morgen zu Dave und legte zum Zeichen, dass ich ihm echt nicht böse war, liebevoll meine Hand auf seine.

Wir saßen auf Meiks und meiner Bank am Baggersee und schauten auf das leicht bewegte Wasser.

Dave hatte als Ergebnis seines gestrigen Rausches einen dicken Kopf und sich nach dem späten Frühstück gewünscht, ein wenig an der frischen Luft spazieren zu gehen. Und nachdem wir etwas plan- und ziellos durch die Gegend gelaufen waren, hatte ich unbewusst den Weg zum Baggersee eingeschlagen.

Dave hob ein wenig den Blick, aber er sah mir nicht ins Gesicht, als er sprach.

»Ich hätte das nicht machen dürfen, Kiki«, sagte er gequält. »Du hast so viel für mich getan und statt nett zu dir zu sein, besaufe ich mich.«

»Passt schon«, sagte ich, »wenn man so einen Chart-Erfolg feiert, dann kann das schon mal passieren. Kein Grund also für dich, eine Krise zu kriegen.«

Er sah immer noch unglücklich aus. »Was … was habe ich denn so alles gesagt?«, fragte er und rutschte dabei unbehaglich auf der Bank herum.

Mich stach ein bisschen der Hafer, und da eh mein ganzes Liebesleben dabei war, im Chaos zu versinken, sagte ich: »Nichts Besonderes, eigentlich nur, dass du mich liebst!« Uups! War ich noch zu retten? Er drehte den Kopf zu mir und starrte mich an wie das Kaninchen die Ringelnatter.

»Das, das ist ja der Punkt …«, stotterte er.

»Was ist der Punkt?«

»Kiki, ich … ich kann dich nicht lieben …«, meinte er mit leiser, belegter Stimme ohne jede Vorwarnung. Nur diese wenigen Worte.

Ich hatte ja eigentlich nichts anderes erwartet, aber es nun so deutlich gesagt zu bekommen, das tat schon ein bisschen weh. Vor allem auch, weil ich mir durch dies dämliche Intermezzo auf der Rosenbank die Chance gänzlich versaut hatte, Meik jemals wieder zurückzugewinnen.

Flurschaden auf ganzer Linie! Angesichts dieser Erkenntnis war es nun auch an mir, zu schlucken und verzweifelt auf den See zu stieren.

Weil ich nicht antwortete, begann Dave verlegen mit seiner Schuhspitze im Sand zu malen und zugleich nach

Worten zu fischen. »Kiki, es tut mir alles so leid. Ich … ich war betrunken. Was immer ich gesagt und getan habe … ich habe es nicht so gemeint …«

Das war ja schon krass. Gestern hatte er mich mit allergrößter Hingabe angeschmachtet, mich vor lauter stürmischer Liebe fast aufgefressen – und nun das!

»Kiki, das hat nichts mit dir zu tun, du bist total süß und ich bin dir total dankbar für deine Liebe und dein Vertrauen, aber eine feste Freundin passt einfach nicht in meine Lebensplanung. Ich bin ein Popstar, und das heißt, ich bin ein Mensch, der ohne jedes Privatleben von Termin zu Termin hetzt. Und dann …«

Was denn jetzt noch? Das war doch nun schon deutlich genug! So schwer von Begriff war ich auch nicht, dass ich nicht kapierte, was er mir damit sagen wollte.

Offenbar waren die Typen alle gleich. Der eine hatte Regenwürmer, der andere seine Popstar-Karriere im Kopf – Kiki und ihre Liebe blieben, wie es schien, heimatlos.

Ohhh, left outside alone …

Ohne auf meine Reaktion zu achten, redete Dave weiter und mir wurde nach und nach klar, dass ich ihn eigentlich gar nicht wirklich kannte. Dass ich mir meine Liebe nur eingeredet hatte. Ich hatte für Dave Divine, einen Popstar, ein Kunstprodukt von Werbung und Marketing-Industrie, geschwärmt und dabei übersehen, dass er bei allem, was er hier getan hatte, immer nur an seine Karriere gedacht hatte. Und ich war für ihn wahrscheinlich immer nur die Tochter der Agenturchefin und seine Fanclubleiterin gewesen, zu der man eben einfach nett war. Na danke! Da konnte ich mir ja jetzt ein Ei drauf pellen!

Sag ich's doch!, mischte sich nun auch noch mein innerer Coach ein. *Du und deine Schwärmerei. Na, wenigstens dämmert es langsam!*

»Halt die Klappe!«, sagte ich frustriert zu ihm.

»Was?« Dave stierte mich verwirrt an.

Huch, da hatte ich wohl mal wieder laut gedacht. Wie megapeinlich.

»Äh, du warst nicht gemeint«, sagte ich schnell.

Immer noch irritierter Blick.

»Ehrlich, war – ähm – nur ein Selbstgespräch.«

Konnte ihm ja schlecht sagen, dass ich meinem vorlauten inneren Coach den Mund verbieten musste. Merde!

Auch ich kriegte nun einen Anflug von Depression. Warum war das Leben und insbesondere mein Liebesleben nur so megakompliziert? Eine Träne rollte mir über die Wange.

So ein Frust aber auch! Da saß ich neben diesem himmlischen Typ, an einem der schönsten und romantischsten Plätze unserer Stadt, und musste erkennen, dass alles, was so romantisch aussah, nur eine billige Illusion gewesen war. Und was das Schlimmste war, dafür hatte ich meine Liebe zu Meik geopfert. Wäre die Ablenkung durch Dave nicht gewesen, hätte ich vielleicht um ihn gekämpft, hätte Monas Rat befolgt, Regenwürmer beregnet und beim Pauken zwischen blöden Matheformeln kleine Liebesgedichte für ihn geschrieben. Ich hätte seine Nachhilfestunden nicht arrogant als Schleimerei bei meinem Vater abgetan, sondern die liebevollen Gedanken dahinter gespürt, und wäre dankbar gewesen, dass er mir trotz unserer Streitereien und seines eigenen Projektes so viel Zeit opferte. Nur damit ich nicht sitzen blieb.

Ich seufzte tief und traurig.

Wenn ich doch nur eine der Chancen ergriffen hätte, die er mir angeboten hatte – erst gestern noch! Was war ich nur für ein Sturkopf!

Eine zweite und eine dritte Träne tropften auf meine Wange und kullerten bis zur Nase. Ich wischte sie mit einer Handbewegung fort.

»'tschuldigung«, schniefte ich.

Dave legte, wohl in einer plötzlichen Anwandlung von Mitgefühl, seinen Arm um meine Schulter.

Lay back in the arms of someone you love …

Er streichelte sacht meine Schulter. Fast so, wie Meik es früher immer getan hatte.

»Glaub mir, Kiki«, sagte er dabei. »Es geht wirklich nicht. Kannst du mir verzeihen, dass ich dir offenbar so falsche Hoffnungen gemacht habe? Ich wollte doch einfach nur ein bisschen dankbar sein für alles, was du als meine Fanclub-Chefin für meine Karriere getan hast. Das war echt *great.*« Er lächelte ein reichlich schiefes Lächeln.

Ich versteifte mich automatisch bei diesen Worten und er zog, weil er es gespürt hatte, seinen Arm zurück. Wie erstarrt saß ich da.

»Du hast wirklich einen tollen Fanclub ins Leben gerufen, Kiki, es wäre schön, wenn ihr mich weiter unterstützen könntet, aber ich kann mich nicht darauf allein verlassen, ich muss jetzt selbst sehr, sehr viel arbeiten, wenn ich die Erwartungen, die diese Kampagne geweckt hat, nicht enttäuschen will.«

Diese Töne kannte ich doch! Der war ja genauso auf seine Karriere fixiert wie Meik auf seine Regenwürmer!

»Ich kann nicht ewig mit so viel Unterstützung rechnen«, setzte er noch hinzu.

»Aber dein Fanclub wird immer und ewig für dich da sein!«

Dave grinste. »Immer und ewig! Große Worte, Kiki. Wenn ich erst weg bin, wird für dich und deine Freundinnen das normale Leben weitergehen. Schule, Klassenarbeiten ... Irgendwann habt ihr mich vergessen. Und was speziell dich angeht – wartet da nicht ein ziemlich vernachlässigter Regenwurmforscher auf dich?«

Ich schluckte. Wie kam er denn jetzt auf Meik?

Er stand auf.

»Ich muss«, sagte er. »Heute Abend habe ich einen Termin bei MTViva in Köln, der ist sehr wichtig für mich.«

Ja, dachte ich, wichtiger für die Karriere als Kiki und ihre großen Gefühle!

Er reichte mir die Hand und zog mich hoch.

Wie wir so voreinander standen, konnte ich dennoch einfach nicht glauben, dass alles vorbei sein sollte.

And there ain't no way – I'm lettin' you go now ...

Ich sah ihm noch einmal tief in seine wunderbaren, verführerischen braunen Augen. Himmel, für so was müsste der Junge echt einen Waffenschein haben! Ich schmelze, dachte ich, ich schmelze jetzt einfach dahin. Wie eine Prinzessin aus rosa Himbeereis. Tropf, tropf,

tropf … Bis ich einfach weg bin, nur ein kleines Rinnsal flüssiger Eiscreme, das im Baggersee versickerte. Futsch! Aus! Liebesdrama zu Ende.

Mein Aggregatzustand blieb jedoch, wie er war, und als Dave mich auf die Stirn küsste, wusste ich, dass es der endgültige Abschied war.

You can't manufacture a miracle …

»Du hast es gut gemeint«, sagte er. »Danke dafür.«

Dann ließ er mich los, drehte sich um und ging mit langen Schritten fort. Seltsam aufrecht und mit durchgedrückten Schultern, so als müsse er sich zwingen, Haltung zu bewahren.

Fast wäre ich hinter ihm hergelaufen, aber mein innerer Coach hielt mich zurück. *Untersteh dich*, moserte er. *Etwas Stil, wenn ich bitten darf!*

Ich ließ mich zurück auf die Bank sinken und starrte Dave so lange nach, bis seine Gestalt hinter einem Tränenschleier verschwamm. Im Kopf wusste ich, dass ich ihn nicht wirklich geliebt hatte, aber im Bauch … Ach, es ist so schwer, sich zu trennen, selbst wenn die Liebe nur eine Illusion war.

Schließlich aber wischte ich mir die Tränen mit einer energischen Handbewegung ab und warf trotzig den Kopf in den Nacken. Ein leichter frischer Wind wehte ein paar Fetzen eines Robbie-Williams-Songs aus der nahen Kleingartenanlage zu mir herüber. Ich schloss die Augen und lauschte.

May you find that love that won't leave you … may you find it by the end of the day … you won't be lost, hurt, tired and lonely … something beautiful will come your way …

Auch wenn man sich keine Wunder basteln konnte, musste man doch die Hoffnung auf die wahre, große Liebe nicht gleich aufgeben!

Ich klammerte mich an diese Worte wie ein Ertrinkender an einen Strohhalm. Vielleicht, am Ende des Tages, vielleicht würde es tatsächlich geschehen, etwas Wunderbares, was mich allen Kummer und Schmerz vergessen ließ …

Ich weiß nicht mehr, wie lange ich da wie versteinert auf der Bank gehockt hatte. Irgendwann stupste mich etwas Weiches ans Bein, und als ich verwirrt die Augen öffnete, stand meine hechelnde Schnuffel vor mir.

»Wo kommst du denn her?«, fragte ich erstaunt. »Bist du etwa ausgerissen?«

Jemand war hinter die Bank getreten. Und noch ehe ich mich umdrehen konnte, um zu sehen, wer es war, hielten mir zwei warme Hände die Augen zu.

Ich schnupperte. Dieses Deo kannte ich doch. »Meik?«, fragte ich zögernd.

»Richtig!« Er lachte und kam um die Bank herum. »Ich bin grade einem Schmusepopsänger begegnet. Er meinte, ich würde dich hier finden.«

»Hast du denn nach mir gesucht?«

»Falls es dir nicht aufgefallen ist, ich suche bereits seit Wochen nach dir und nach einer Möglichkeit zu einer Aussprache. Aber du warst ja bis jetzt anderweitig beschäftigt.«

»Du vielleicht nicht?«

Er machte ein schuldbewusstes Gesicht. »Darf ich mich zu dir setzen?«

Was für eine Frage!

»Promotionkampagne zu Ende?«

Ich nickte. »Regenwurmprojekt auch?«

Er grinste. »Alles eingetütet.«

»Und nun?«, fragte ich zögernd.

Er zog mich lachend in seine Arme. »Zeit für Zärtlichkeit!«

Minte-König, Bianka:
Liebesfrust & Popstar-Kuss
ISBN 978 3 522 50046 3

Reihen- und Einbandgestaltung: Birgit Schössow
Schrift: Aldus Roman und Handwriting Plain
Satz: KCS GmbH, Buchholz/Hamburg
Reproduktion: Medienfabrik, Stuttgart
Druck und Bindung: Friedrich Pustet, Regensburg

5 4 3 2 1° 09 10 11 12

www.thienemann.de
www.frechemaedchen.de
www.biankaminte-koenig.de

Freche Mädchen – freche Bücher!

Kiki im Liebeschaos

von Bianka Minte-König

1 – Schulhof-Flirt & Laufstegträume
Kiki bekommt Konkurrenz
208 Seiten · ISBN 978 3 522 50096 8

2 – Knutschverbot & Herzensdiebe
Kiki in der Achterbahn der Gefühle
208 Seiten · ISBN 978 3 522 50029 6

4 – Jungs & andere Katastrophen
Was Timo kann, kann Kiki schon lange
192 Seiten · ISBN 978 3 522 50023 4

5 – Liebesschwüre & andere Katastrophen
Kiki im Liebesstress
224 Seiten · ISBN 978 3 522 50097 5

Freche Mädchen – freches Englisch!

1 – Schoolyard Flirt & Catwalk Dreams
224 Seiten · ISBN 978 3 522 17806 8

2 – Kissing Ban & Stolen Hearts
224 Seiten · ISBN 978 3 522 17975 1

THIENEMANN

www.thienemann.de
www.frechemaedchen.de

Freche Mädchen – freche Bücher!

von Bianka Minte-König

Vinnis turbulentes Liebesleben

1 – Generalprobe
272 Seiten · ISBN 978 3 522 50122 4

2 – Theaterfieber
192 Seiten · ISBN 978 3 522 50022 7

3 – Herzgeflimmer
192 Seiten · ISBN 978 3 522 50110 1

Hanna, Mila und Kati im Liebesstress

1 – Handy-Liebe
192 Seiten · ISBN 978 3 522 50102 6

2 – Hexentricks & Liebeszauber
192 Seiten · ISBN 978 3 522 50116 3

3 – Liebesquiz & Pferdekuss
208 Seiten · ISBN 978 3 522 50036 4

4 – Liebestrank & Schokokuss
208 Seiten · ISBN 978 3 522 50058 6

5 – Superstars & Liebesstress
208 Seiten · ISBN 978 3 522 50051 7

6 – Liebestest & Musenkuss
192 Seiten · ISBN 978 3 522 50038 8

7 – Liebeslied & Schulfestküsse
192 Seiten · ISBN 978 3 522 50034 0

8 – SMS & Liebesstress
192 Seiten · ISBN 978 3 522 50035 7

Leonie sucht das Glück

1 – Liebe ... ganz schön peinlich
224 Seiten · ISBN 978 3 522 50030 2

2 – Liebe ... total verrückt
224 Seiten · ISBN 978 3 522 50123 1

3 – Liebe ... voll chaotisch
224 Seiten · ISBN 978 3 522 50103 3

Freche Mädchen - freches Englisch!

1 – Mobile Phone Love
208 Seiten · ISBN 978 3 522 17687 3

THIENEMANN

www.thienemann.de
www.frechemaedchen.de